KB054182

레전드

하루 3분
영어

레전드
하루 3분 영어

초판 1쇄 발행 2019년 8월 20일
초판 2쇄 발행 2020년 6월 30일

지은이	J. Young
그림	김도사
감수	John Michaels
강의	Tina Kim
기획	김은경
편집	이지영·Jellyfish
디자인	IndigoBlue
동영상	조은스튜디오

발행인	조경아
발행처	랭귀지북스
주소	서울시 마포구 포은로2나길 31 벨라비스타 208호
전화	02.406.0047 **팩스** 02.406.0042
이메일	languagebooks@hanmail.net
등록번호	101-90-85278 **등록일자** 2008년 7월 10일
홈페이지	www.languagebooks.co.kr
블로그	blog.naver.com/languagebook

ISBN	979-11-5635-117-7 (13740)
값	13,000원

ⓒLanguageBooks, 2019

이 도서의 국립중앙도서관 출판예정도서목록(CIP)은 서지정보유통지원시스템 홈페이지
(http://seoji.nl.go.kr)와 국가자료공동목록시스템(http://www.nl.go.kr/kolisnet)에서 이용하실 수 있습니다.
(CIP제어번호: CIP2019029677)

오늘부터 쉽게! 즐겁게! 만만하게!
다시 시작하는 **하루 3분 영어**

핵심을 짚어 주는 원포인트 영어!

영어는 간단한 단어로 쉽게 말하면 됩니다. 이미 알고 있고,
일상에서 많이 쓰는 영어 단어만으로 충분히 외국인과 대화가
가능합니다. 다양한 상황에서 소통할 수 있게, 주제별로
포인트가 될 영어 단어만을 꼭 짚어 알려 드립니다.

3분 동영상 강의로 보고 듣는 영어!

영어는 어렵게 공부하면 바로 질립니다. 꾸준히 할 수 있는
하루 학습량이 중요한데, Tina 쌤의 동영상 강의를 딱 3분만
즐겨 보세요. 매일, 조금씩, 부담 없이 하다 보면, 어느 순간
영어가 들리고 말도 하게 됩니다.

바로 보고 이해하는 그림 영어!

알파벳만 봐도 어려울 수 있는데, 아무리 쉬운 단어도
막상 외우려면 머리가 아픕니다. 그림을 통해 상황을
연상하며, 영어로 말해 보세요. 직관적으로 이해하면
기억에 오래 남습니다.

〈레전드 **하루 3분 영어**〉 책과 강의를 통해,
영어가 만만해지길 바랍니다!

저자 J. Young

1

상황별 카툰

카페에서 주문하는 내용부터
여행, 응급 상황까지
카툰으로 표현해, 직관적으로
단어와 회화를 익힐 수 있습니다.
그림과 함께 더 쉽고 재미있게
공부해 보세요.

2

한글 발음 & 해석

영어를 보고 바로 읽을 수 있도록,
영어 문장 아래에 한글 발음을
표기하였습니다.
하단에는 해석도 있어, 한 페이지
안에서 읽고 뜻을 이해하며,
동시에 말하는 연습이 가능합니다.

3

실전 회화 & 문화 Tip

저자가 외국 여행과 생활에서
직접 익힌 회화와 문화 정보를
소개합니다.
쉬운 단어로 외국인과
소통하는 방법, 처음 접하는
상황에서 영어로 대처할 수
있는 팁을 알려 드립니다.

음식점 팁! 카드로?

– 웨이터가 제공한 서비스에 대한 만족 정도에 따라 '팁'을 지불합니다.

– 셀프서비스 카페, 패스트푸드는 팁을 지불하지 않아도 됩니다.

– 미국은 팁을 반드시 주는 것이 매너이지만, 팁 문화가 없는 나라들도
많으니 여행 국가의 문화를 미리 확인합니다.

– 테이블 담당 웨이터가 팁을 가져가기 때문에, 주문이나 요구 사항을
해당 웨이터에게 말해야 합니다.

– 팁 액수는 보통 음식값의 10~20%로, 현금이나 카드로 지불합니다.

• **현금으로 줄 경우**,
음식값과 팁을 테이블 위에 올려놓고 나옵니다.

유튜브	팟빵	콜롬북스 앱

blog.naver.com/**languagebook**
www.youtube.com
www.podbbang.com

유튜브, 팟빵, 콜롬북스에서
〈하루 3분 영어〉를 검색하세요.

4

동영상 강의

책에 있는 본문과 그림, 최신 현지
정보와 경험담이 있는 해설 강의입니다.
각 3분 내외로 부담 없이 익혀 보세요.

주제별 동영상은 랭귀지북스 유튜브 채널과
블로그에서 무료로 제공합니다.

5

해설 강의 MP3

원어민 전문 성우가 정확한 발음으로
녹음한 본문 회화와 해설 강의
MP3를 다운로드하여, 자주 듣고
따라 하며 영어 실력을 높여 보세요.

☐ 차례

1

맛집
Tasty Restaurants

2

휴대폰
Cell Phones

3

쇼핑
Shopping

4

교통
Traffic

5

문화 생활
Entertainment

6

여행
Travel

7

일상 & 응급
Daily Life & Emergencies

8

기초 표현
Basic Expressions

1

Hello.
헬로우.

안녕하세요.

2

Thank you.
땡 큐.

감사합니다.

3

Excuse me.
익쓰큐즈 미.

실례합니다.

4

I'm sorry.
아임 쏘리.

죄송합니다.

5

What is it?
왙 이즈 잍?

이건 뭐예요?

6   **This (one).**   이거요.
디스 (원).

7   **Here.**   여기요.
히얼.

8   **Help me!**   도와주세요!
헬프 미!

9   **I can't speak English.**   영어를 못합니다.
아이 캔트 스픽 잉글리쉬.

10   **I'm from Korea.**   한국에서 왔습니다.
아임 프롬 코리아.

A Alice 앨리스　　　**J** John 존

C Cashier 계산원
캐셔

Crew 승무원
크루

Custom officer 세관원
커스텀 오피설

W Waiter 남자 종업원
웨이털

Waitress 여자 종업원
웨이트리스

B   Bartender 바텐더
바텐더

P   Person 사람
펄슨

Policeman 경찰관
펄리스맨

Pharmacist 약사
팔머시스트

S   Staff 직원
스태프

D   Driver 운전기사
드라이벌

T   Ticket officer 매표원
티킷 오피설

G   Guard 보안 직원
갈드

I   Immigration officer 입국 심사 직원
이미그레이션 오피설

1

맛집
Tasty Restaurants

A: 카페라테요.
C: 사이즈는요? / A: 작은 거요. (중간, 큰)
C: 더 필요하신 건요? / A: 없어요.

For here or to go?
폴 히얼 오얼 투 고우?

To go.
투 고우.

Your name?
유어 네임?

Alice.
앨리스.

C: 여기서 드시나요 아니면
가져가나요? / A: 가져가요.

C: 성함이? / A: 앨리스.

Tip. 카페 종업원이 내 이름을?

스타벅스와 같이 손님이 카운터에서 직접
주문하는 카페에서는 주문 마지막에
이름을 묻기도 합니다. 음료가 준비되면,
종업원이 그 이름을 부릅니다. 그래서
간단한 영어 이름을 말해도 됩니다.

[카페 메뉴 Café Menu]

Coffee 코피 커피

• Espresso 에쓰프레소우 에스프레소

• Espresso Macciato 에쓰프레소우 매키아토우 에스프레소 마키아토
  (에스프레소+우유)

• Caffé Americano 캐페 어메리카노우 아메리카노

• Caffé Latte 캐페 라테 카페라테

• Caffé Mocha 캐페 모우커 카페모카

• Cappuccino 캐푸치노우 카푸치노

• Cold brew 코울드 브루 / Iced Coffee 아이스트 코피 아이스커피

• Decaf 디캐프 디카페인
  (no caffeine 카페인을 제거한 커피)

Tea 티 차

• Black Tea 블랙 티 홍차

• Green Tea 그린 티 녹차

+ 추가 표현 +

➡ 종업원이 주문받을 때

따뜻하게요 아니면 차갑게요?
Hot or iced?
할 오얼 아이스트?

➡ 아이스 커피가 메뉴에 없을 때

얼음 좀 주세요.
Ice, please.
아이스, 플리즈.

커피에 얼음 넣어 주세요.
Coffee over ice, please.
코피 오벌 아이스, 플리즈.

➡ 주문 시 또는 카운터에 요청 사항이 있을 때

<u>샷 추가요</u>.
<u>**Extra shot**</u>, please.
엑쓰트라 샷, 플리즈.

_ sleeve 슬리브 컵 홀더
_ straw 스트로 빨대
_ refill 리필 리필
_ low-fat milk 로우팻 밀크 저지방 우유

휘핑크림 빼 주세요.
No whipped cream, please.
노우 휩트 크림, 플리즈.

One.
원.

two 투 /
three 뜨리 /
four 폴

Just a moment.
Come this way.
저슽 어 모우먼트.
컴 디스 웨이.

Any drinks?
애니 드링스?

No.
노우.

Tip. 음료부터 묻는 웨이터!
레스토랑에서 자리에 앉으면, 음료가
필요한지 묻습니다. 이때 무료로 주는
'tap water 탭 워털(수돗물)'를 요청하거나
'No(아니요).'라고 말한 후, 메뉴를 보고
나서 천천히 주문해도 됩니다.

A: 한 명이요. (둘, 셋, 넷) /
W: 잠시만요. 이쪽으로 오세요.
W: 마실 건요? / A: 됐어요.

W: 주문하시겠어요? / A: 아직이요.

A: 저기요!

A: 이거요.

Here you go.
히얼 유 고우.

Thanks.
땡스.

Is everything O.K.?
이즈 에브리띵 오우케이?

Yes.
예스.

Tip. 질문이 많은 웨이터!

식사 중에 웨이터가 계속 와서 괜찮은지 묻는 경우, 이상이 없다면 'Good. (좋아요.)', 'Yes. (네.)' 정도로 대답합니다. 테이블을 정돈하는 서비스로 빈 그릇은 웨이터가 바로바로 가져갑니다.

W: 여기요. / A: 감사합니다.

W: 다 괜찮아요? / A: 네.

22

W: 다 드셨나요? / A: 네.

W: 더 필요한 거 있으세요? / A: 아니요, 괜찮아요. 계산서 주세요.

Breakfast Special

브렉퍼슷 스페셜

아침 식사 스페셜

All specials come with juice, coffee or tea.

올 스페셜즈 컴 위드 주스, 코피 오얼 티.

모든 스페셜 메뉴에는 주스, 커피 또는 차가 나옵니다.

• American Breakfast 아메리칸 브렉퍼스트 $22

어메리칸 브렉퍼스트   트웬티 투 달러즈

Two eggs any style, fries, choice of bacon, ham or sausage

투 에그즈 애니 스타일, 프라이즈, 초이스 오브 베이컨, 햄 오얼 소시쥐

원하는 스타일로 계란 2개, 감자튀김, 선택 메뉴는 베이컨, 햄 또는 소시지 중 하나

• Continental Breakfast 콘티넨탈 브렉퍼스트 $18

칸티넨틀 브렉퍼스트   에이틴 달러즈

Muffin, croissant or toast 머핀, 크러산트 오얼 토우스트

머핀, 크루아상 또는 토스트

• Pancake 팬케이크 $23

팬케익   트웬티 뜨리 달러즈

Syrup, butter, fresh berries 시럽, 버털, 프레쉬 베리즈

시럽, 버터, 신선한 베리 종류

• Omelette 오믈렛 $12

아믈레트   트웰브 달러즈

Spinach, onion, cheese 스피니취, 어니언, 취즈

시금치, 양파, 치즈

+ 추가 표현 +

➜ 뭐 먹을지 고민될 때

추천 메뉴가 뭐예요?

What's good here?

와츠 굳 히얼?

저 사람들이 먹는 게 뭐예요? (테이블을 가리키며)

What are they having?

왓 알 데이 해빙?

➜ 사이드 메뉴

계란은 어떻게 해 드려요?

How do you want your eggs?

하우 두 유 원트 유얼 에그즈?

_ **Over hard** 오벌 할드 완숙
_ **Over easy** 오벌 이지 반숙
_ **Scrambled** 스크램블드 스크램블

감자는 어떻게 해 드려요?

How about potatoes?

하우 어바웃 포테이토우즈?

_ **Fried potato** 프라이드 포테이토우 감자튀김
_ **Mashed potato** 매쉬드 포테이토우 으깬 감자
_ **Hash brown potato** 해쉬 브라운 포테이토우 해시 브라운

What would you like to have?
왓 우 쥬 라이크 투 해브?

Cheeseburger, please.
취즈벌걸, 플리즈.

Do you want the meal?
두 유 원트 더 밀?

No.
노우.

C: 무엇으로 하시겠어요? /
J: 치즈버거 주세요.

C: 세트로 드려요? /
J: 아니요.

Tip. 세트 메뉴를 주문하고 싶을 때

한국처럼 'Cheeseburger set(치즈버거 세트)'
라 주문해도 말은 통합니다. 실제 대화에서
종업원이 'meal(식사)'이란 단어를 많이
말하는데, 사이드 메뉴와 음료 등을 다 갖춘
세트 메뉴로 이해하면 됩니다.

C: 마실 건요? / J: 콜라 주세요. (사이다, 오렌지 주스, 물)

C: 사이드 메뉴는요? / J: 애플파이 주세요.

C: 15분 걸려요. / J: 네.

C: 여기서 드세요 아니면 가져가세요? /
J: 여기서 먹어요.

C: 총 6.45(달러)입니다. /
J: 신용카드로 할게요. (체크카드, 현금)

C: 음료 가져다 드세요.

Tip. 콜라 주문했는데 빈 컵을?

미국 패스트푸드점에서
탄산음료를 주문하면, 빈 컵을
받아 음료대에서 직접 가져다
먹는 경우도 있습니다.

+ 추가 표현 +

→ 세트 메뉴 주문할 때

1번 콤보(세트)로 주세요.
Combo number one, please.
캄보우 넘벌 원, 플리즈.

Tip. 주문이 어려우면, 주문대에서 세트 메뉴 사진을 보고 고른 후 번호로 말하세요.

빅맥 세트 주세요.
Big Mac meal, please.
빅 맥 밀, 플리즈.

감자튀김 사이즈업해 주세요.
Upsize the fries, please.
업사이즈 더 프라이즈, 플리즈.

→ 기타 주문 요청

버거를 반으로 잘라 주세요.
Cut the burger in half, please.
컷 더 벌걸 인 하프, 플리즈.

양파 빼 주세요.
Hold the onions, please.
홀드 디 어니언즈, 플리즈.

J: 뭐 먹을 거예요? / A: 스테이크와 레드 와인이요.

J: 알겠어요. 저기요!

W: 주문받아도 될까요? / J: 믹스 샐러드 하나랑 스테이크 두 개요.

What kind of dressing would you like?
왓 카인드 어브 드레싱 우 쥬 라익?

What do you have?
왓 두 유 해브?

Caesar, French, Thousand Island.
시절, 프렌취, 따우전드 아일랜드.

French, please.
프렌취, 플리즈.

W: 무슨 드레싱으로 드려요? /
J: 뭐 있어요?

W: 시저, 프렌치,
    사우전드 아일랜드 있어요. /
J: 프렌치 주세요.

Tip. 무슨 드레싱과 먹을까요?

케첩과 마요네즈를 혼합한 맛이 나는
사우전드 아일랜드를 추천합니다.
레스토랑마다 만드는 법이 조금씩
다르지만 식초와 오일을 넣는 프렌치,
이탈리안과 마요네즈를 기본으로 하는
랜치, 시저가 있습니다.

31

How would you like your steak?
하우 우 쥬 라익 유얼 스테익?

Medium rare.
미디엄 레얼.

Me, too.
미, 투.

rare 레얼 /
medium rare 미디엄 레얼 /
medium 미디엄 /
medium well 미디엄 웰 /
well done 웰 던

That's all?
대츠 올?

Two glasses of house wine.
투 글래시즈 어브 하우스 와인.

W: 스테이크는 어떻게 해 드려요? /
J: 미디엄 레어. (덜 익힌 순서) /
A: 저도요.

W: (주문) 다 하셨나요? /
J: 하우스 와인 두 잔이요.

Tip. 스테이크 굽기 정도 선택할 때!

미디엄 레어(약간 덜 익힌)나
미디엄(알맞게 익힌)으로 주문하면,
육즙이 살아 있는 스테이크를 즐길 수
있습니다.

W: 레드 아니면 화이트요? /
J: 레드요.

W: 와인 더 하시겠어요? /
A: 아니요, 됐어요.

W: 디저트는요? / A: 괜찮아요.

Tip. 와인을 고르기 힘들 때!

와인 종류가 다양해 고르기 어렵다면,
'하우스 와인(house wine)'을 주문하세요!
음식점에서 저렴하게 파는 보통 등급의
와인입니다.

+ 추가 표현 +

➔ 웨이터에게 필요한 것을 요청할 때

<u>소금</u> 좀 주세요.
Salt, please.
솔트, 플리즈.

_ Pepper 페퍼 후추
_ Sugar 슈걸 설탕
_ Drink menu 드링크 메뉴 음료 메뉴
_ Chopsticks 찹스틱스 젓가락
_ Extra plates 엑쓰트라 플레이츠 앞 접시
_ Check 체크, Bill 빌 계산서

➔ 음식이 안 나오거나 남았을 때

음식이 나오는 중인가요?
Is the food on its way?
이즈 더 푸드 온 이츠 웨이?

(남은) 음식 포장해 주시겠어요?
Can I get this to go?
캔 아이 겟 디스 투 고우?

➔ 음식이 나와서 먹기 전에

맛있게 드세요!
Enjoy your meal!
인조이 유얼 밀!

➔ 각자 계산할 때

계산서를 따로 받을 수 있을까요?
Can we get separate bills?
캔 위 겔 세퍼레잇 빌즈?

➔ 메뉴에 들어가는 재료가 궁금해!

_ meat 미트 육류
_ beef 비프 소고기
_ pork 폴크 돼지고기
_ chicken 취킨 닭고기
_ lamb 램 양고기

_ sirloin 썰로인 등심
_ tenderloin 텐덜로인 안심
_ rib-eye 립아이 갈빗살

_ seafood 씨푸드 해산물
_ calamari 칼라마리, squid 스퀴드 오징어
_ crab 크랩 게
_ prawns 프론즈 큰 새우 / shrimp 쉬림프 새우
_ clams 클램즈 조개
_ oysters 오이스털즈 굴
_ tuna 튜나 참치
_ salmon 새먼 연어

Do you have draft beer?
두 유 해브 드래프트 비얼?

Yes.
예스.

bottled beer
바틀드 비얼

Dark or wheat?
달크 오얼 위트?

Dark, please.
달크, 플리즈.

J: 생맥주 있어요? (병맥주) /
B: 네.

B: 흑맥주 아니면 밀맥주요? /
J: 흑맥주 주세요.

Tip. 밀맥주(wheat beer)란?

다양한 생맥주를 파는 바에 가면, 어떤 것으로 마실지 물어볼 때가 있습니다. 그중 밀맥주는 한국에서도 많이 찾는 호가든(Hoegaarden)과 비슷한 맛입니다. 질감이 부드럽고, 브랜드에 따라 꽃향이나 과일향이 납니다.

A: 무슨 칵테일이 있어요? / B: 여기 리스트가 있어요.
A: 모히또 주세요. / B: 네.

J: 오픈 탭 할게요. / A: 전 지금 낼게요.
J: 이봐요! 내가 낼게요. / A: 오! 고마워요!
J & A: 건배!

Tip. 오픈 탭(open tab)이란?

주문할 때마다 바에 가서 먼저 계산을 하는 대신 다 마시고 나갈 때 계산하려면, 신용카드를 맡기면서 '오픈 탭'이라 말합니다.

[칵테일 메뉴 Cocktail Menu]

- Mojito 모히터우 모히또
    = Lime 라임 + Mint leaf 민트 리프 + Alcohol 앨커홀
    = 라임 + 민트 잎 + 알코올

- Margarita 마르갈리터 마가리타
    = Lime 라임 + Tequila 테킬러 + Salt 솔트
    = 라임 + 테킬라 + 소금

Tip. 잔 가장자리에 소금이 묻어 나옵니다.

- White Russian 와이트 러션 화이트 러시안
    = Kahlua 칼루아 (coffee liqueur 코피 리컬) +
    Milk or Cream 밀크 오얼 크림
    = 칼루아(커피 혼성주) + 우유 또는 생크림

- Jack and Coke 잭 앤 콕 잭콕
    = Jack Daniel's 잭 대니얼즈 (Whisky 위스키) + Coke 콕
    = 잭 다니엘(위스키) + 콜라

미슐랭 예약하기

Booking a Table at a Michelin-rated Restaurant

⟨ 온라인 예약 ⟩

• **Make a Reservation** 메익 어 레절베이션
  예약하기

↓

• **Date** 데이트 / **Time** 타임 / **Party** 팔티
  날짜 / 시간 / 사람 수

📅 2020-11-11	🕐 18:00	👤 4

- **First Name** 펄슷 네임 / **Last Name** 라슷 네임 /
  Phone Number 폰 넘벌 / **Email** 이메일
  이름 / 성 / 전화번호 / (예약 확인을 받을) 이메일
- **Option** 옵션 선택 사항(반드시 입력할 필요 없음)

Alice	Lee
+82-10-1111-1111	abcd@gmail.com

↓

- **Complete Reservation** 컴플리트 레절베이션
  예약 완료

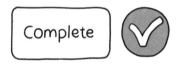

↓

- **Booking Confirmation** 부킹 칸펄메이션
  예약 확인

〈 예약 없이 〉

W: 테이블 예약했어요? / A: 아니요.
W: 지금은 가능한 테이블이 없어요.

A: 대기자 명단에 이름 올려 주세요.

W: 실내 아니면 야외요? / A: 야외요.

A: 얼마나 기다려야 해요? / W: 약 30분이요.

음식점 팁! 카드로?

- 웨이터가 제공한 서비스에 대한 만족 정도에 따라 '팁'을 지불합니다.

- 셀프서비스 카페, 패스트푸드는 팁을 지불하지 않아도 됩니다.

- 미국은 팁을 반드시 주는 것이 매너이지만, 팁 문화가 없는 나라들도 많으니 여행 국가의 문화를 미리 확인합니다.

- 테이블 담당 웨이터가 팁을 가져가기 때문에, 주문이나 요구 사항을 해당 웨이터에게 말해야 합니다.

- 팁 액수는 보통 음식값의 10~20%로, 현금이나 카드로 지불합니다.

• **현금으로 줄 경우,**

음식값과 팁을 테이블 위에 올려놓고 나옵니다.

• 카드로 줄 경우,

1. 카드를 웨이터에게 주면, 가결제가 됩니다.

→ 2. 받은 카드 영수증의 'Tip' 공란에 팁으로 줄 금액, 'Total'에
    음식값과 팁 합계를 직접 씁니다.

→ 3. 사인 후 테이블에 그 영수증을 올려놓고 나옵니다.

→ 4. 잠시 후, 팁 포함 금액이 최종 결제됩니다.

• 예를 들어, 아래 그림에서
  팁 $20, 총금액 $140은 손님이 직접 적습니다.

2

휴대폰
Cell Phones

J: 심카드 있어요? / C: 네. 어떤 요금제요?

J: 10일짜리 괜찮은 요금제 있어요? (한 주, 한 달) /
C: 이거 어때요? 데이터, 통화, 문자 무제한이에요.

How much is it?
하우 머취 이즈 잍?

Twenty dollars.
트웬티 달러즈.

I'll take it.
아일 테익 잍.

O.K. Your photo ID, please.
오우케이. 유얼 포토 아이디, 플리즈.

Tip. 해외에서 휴대폰을 사용하려면?
현지 심카드나 포켓 와이파이를 사용합니다.
한국에서 미리 인터넷으로 구매하거나
대여할 수도 있습니다. 심카드 교체 시,
전화번호가 바뀌어 본인 인증이나 원래
번호로 통화가 불가능하므로 주의합니다.

J: 얼마예요? / C: 20달러요.

J: 이걸로 할게요. /
C: 네. 신분증 주세요.

49

A: 여기 무료 와이파이 있나요? / C: 네.

A: 신호가 많아요. 어느 거예요? / C: CAFE-FREE입니다.

A: 비밀번호가 뭐예요? / C: 영수증에 있어요.

A: 된다!

The signal isn't very strong.
더 씨그널 이즌트 베리 스트롱.

Aw! This Wi-Fi is super slow.
아우! 디스 와이파이 이즈 수펄 슬로우.

This is terrible…
I lost my internet connection.
디스 이즈 테러블…
아이 로슫 마이 인털넽 커넥션.

A: 신호가 강하지 않네.

A: 으! 이 와이파이 완전 느리다.

A: 이거 최악인데… 연결이 끊겼어.

➜ 요금제 관련 질문

당신 요금제는 뭐예요?

What billing plan are you on?

왓 빌링 플랜 알 유 온?

* billing plan, service plan 요금제

➜ 심카드 교체할 때

심카드 어떻게 교체해요?

How can I replace my SIM card?

하우 캔 아이 리플레이스 마이 심 칼드?

심카드 교체 핀 있어요?

Do you have a SIM card ejecting pin?

두 유 해브 어 심 칼드 이젝팅 핀?

➜ 와이파이 존을 찾아서

여기 와이파이가 되나요?

Is Wi-Fi available?

이즈 와이파이 어베일러블?

와! 여기가 와이파이 더 잘 잡혀요.

Oh! My Wi-Fi works better here.

오! 마이 와이파이 웍크스 베털 히얼.

Do you have Facebook?
두 유 해브 페이스북?

Yes, I do.
예스, 아이 두.

I post my pictures and selfies.
아이 포스트 마이 픽취얼즈 앤 셀피즈.

Oh, good.
오, 굿.

A: 페이스북 해요? / **J:** 네, 해요.

J: 내 사진들과 셀카를 올려요. /
A: 오, 좋네요.

Tip. '셀카', '셀카봉'을 영어로 하면?

'셀프 카메라'는 영어권에서 안 쓰는
표현이며, 'selfie'라고 합니다.
셀카봉은 'selfie stick'입니다.

54

A: 페이스북에 친구 추가해 줘요.

J: 페이스북 이름이 뭐예요? / A: 앨리스.

Let's find you.
레츠 파인드 유.

← 🔍 alice ✕

Alice Lee
Seoul, korea

Is that you?
이즈 댇 유?

Yes, it's me.
예스, 이츠 미.

J: 친구 찾기 해 볼게요.

J: 이게 당신이에요? / A: 네, 저예요.

J: 친구 요청 보냈어요. / A: 받았어요.
A: 추가할게요. / J: 좋아요! 연락해요.

Excuse me.
Could you take a picture of me?
익쓰큐즈 미. 쿠 쥬 테익 어 픽춰얼 어브 미?

Of course.
어브 콜스.

With the background, please.
위드 더 백그라운드, 플리즈.

O.K.
오우케이.

a full-body shot 어 풀바디 샷 /
an upper body shot 언 어펄 바디 샷

A: 저기요. 사진 좀 찍어 주실래요? / P: 당연하죠.
A: 배경 나오게 해 주세요. (전신샷, 상반신샷) / P: 네.

58

A: 사진이 흐려요.

A: 한 장 더 부탁해요. / P: 그럼요.

A: 정말 감사합니다.

+ 추가 표현 +

➜ 사진을 찍기 전에 물어보기

여기에서 사진 찍어도 되나요?

Can I take a picture here?

캔 아이 테익 어 픽춰얼 히얼?

이거 사진 찍어도 되나요?

Can I take a picture of this?

캔 아이 테익 어 픽춰얼 어브 디스?

➜ 사진 찍기 전에 확인하기

사진 촬영 금지

No photography

노 포토그러피

플래시 금지

No flash

노 플래쉬

Tip. 사진을 찍을 수 있는 미술관, 박물관이라도 대부분 플래시를 사용하면
안 됩니다. 사진 찍기 전, 미리 카메라 설정을 확인하세요!

➔ 조금만 움직이면 인생샷!

<u>왼쪽</u> / <u>오른쪽</u>으로 조금만 가세요.
Move a little to the <u>left</u> / <u>right</u>.
무브 어 리틀 투 더 레프트 / 라잍.

한 발 <u>뒤</u>로 / <u>앞</u>으로 가세요.
Take one step <u>back</u> / <u>forward</u>.
테익 원 스텝 백 / 폴월드.

➔ 함께 사진 찍고 싶은 사람에게

우리 같이 사진 찍어요.
Let's take a photo together.
레츠 테익 어 포토 투게덜.

➔ 인생샷을 건졌다면?

그날의 내 인생샷이야.
This is the pic of the day.
디스 이즈 더 픽 어브 더 데이.
* the pic 인생샷

Tip. 인스타그램에서 '인생샷'이라는 해시태그를 '#POTD'라 씁니다.

전화 통화하기 Making a Phone Call

MP3. 11

J: 여보세요. 누구세요? / A: 앨리스예요.

J: 오! 이거 당신 번호예요? / A: 네, 번호 바꿨어요.

* No Caller ID
발신자 표시 없음

62

➜ 담당자와 통화하고 싶을 때

앨리스와 통화할 수 있나요?

Can I speak to Alice?

캔 아이 스픽 투 앨리스?

저예요.

Speaking.

스피킹.

그녀는 통화 중입니다.

Her phone is busy.

헐 폰 이즈 비지.

➜ 전화를 끊거나 다시 해야 할 때

내가 나중에 전화할게요.

I'll call you back later.

아일 콜 유 백 레이털.

➜ 휴대폰 모드

내 전화는 <u>무음</u> / <u>진동</u> 모드입니다.

My phone is on <u>silent</u> / <u>vibrate</u> mode.

마이 폰 이즈 온 싸일런트 / 바이브레잍 모드.

A: 내 배터리가 다 됐네요.

A: 충전기 있어요? (보조 배터리) / J: 네.

A: 콘센트가 여기 있어요? / J: 저기요.

* outlet 콘센트

I missed three calls.
I have to go, now.
아이 미스트 뜨리 콜즈.
아이 해브 투 고우, 나우.

9:15
Friday, 24 May
Missed Calls(3)

Text me, please.
텍쓰트 미, 플리즈.

Oh! How can I give it back?
오! 하우 캔 아이 기브 잍 백?

J: 부재중 3통이네. 나 지금 가야 해요.
A: 오! 이거 어떻게 돌려주나요? / J: 문자해요.

A: 길을 잃었어.

A: 실례합니다. 수산 시장이 어디예요? (공원, 왕궁, 교회, 전망대) /
P: 나는 여기 처음 왔어요.

P: 잠시만요. 오, 여기 근처예요. / A: 좋네요!

P: 교차로까지 직진하세요.

P: 그러고 나서 좌회전이에요. (우회전)

다운로드! 해외여행 필수 앱

1. 길찾기 앱: 구글 맵스(Google Maps)

– 내비게이션, 대중교통, 도보 경로를 안내합니다.

– 인터넷이 안 될 경우를 대비해 미리 여행 지역
지도를 다운받을 수 있는 '오프라인 지도'
서비스도 있습니다.

– 현 위치에서 필요한 시설(식당, 바, 숙소 등)을 검색하면 주변에 있는
가게를 보여줍니다. 평점과 리뷰를 참고해 원하는 곳을 선택합니다.

2. 숙박 앱: 에어비앤비(Airbnb)

– 현지인이 사는 방이나 집을 공유, 대여하는
서비스입니다.

– 여행지를 입력하여 마음에 드는 숙소의 위치, 사진, 리뷰, 청소비,
환불 정책 등을 확인하고 예약 신청을 합니다.

– 설정에서 '여행지 통화 단위'로 변경 후 결제하면 환율 수수료가
이중으로 부과되지 않습니다.

3. 택시 앱: 우버(Uber)

- 전 세계적으로 많이 쓰는 택시 앱입니다.

- 국가에 따라 서비스가 안 될 수도 있으니 여행 전에 확인합니다.

- 가입 시 등록하는 카드로 택시비를 결제합니다.

- 목적지를 입력하면 택시 기사 목록이 나타나고, 원하는 차종을 선택합니다.

- 실시간으로 차 위치를 알려 주니, 차 번호와 기사 사진을 확인하고 근처에 오면 확인해서 탑승합니다.

- 심카드 교체 시, 전화번호가 바뀌어 카드 인증이나 기사 연락을 못 받을 수 있으니 주의하세요.

- 참고로 동남아시아는 그랩(Grab)을 많이 씁니다.

4. 번역 앱: 구글 번역(Google Translate)

- 전 세계적으로 많이 쓰는 번역 앱입니다.

- 음성 인식 번역, 사진에 있는 글자 번역 기능을 지원합니다.

3

쇼핑
Shopping

Hello! May I help you?
헬로우! 메이 아이 헬프 유?

I'm just looking.
아임 저슨 루킹.

Do you have this in white?
두 유 해브 디스 인 와이트?

black 블랙 /
gray 그레이

Yes, what size?
예스, 왓 사이즈?

Medium.
미디엄.

S: 안녕하세요! 무엇을 도와드릴까요? / A: 그냥 구경 중이에요.
A: 이거 흰색으로 있어요? (검은색, 회색) / S: 네, 무슨 사이즈요?
A: 중간이요.

A: 입어 볼 수 있어요? / S: 그럼요.
A: 탈의실이 어디예요? / S: 이쪽으로 오세요.

S: 무엇을 찾고 있으세요? / J: 스니커즈요.

S: 이거 어때요? / J: 오! 마음에 들어요.

Tip. **해외 신발 사이즈 표**

한국		230	235	240	250	260	270	280
미국 (US)	남	5	5.5	6	7	8	9	10
	여	6	6.5	7	8	9	10	11
영국 (UK)	남	4.5	5	5.5	6.5	7.5	8.5	9.5
	여	3.5	4	4.5	5.5	6.5	7.5	8.5
유럽 (EU)	남	38	39	40	41	42	43	44
	여	37	37.5	38	39	40	41	42

Can I try these in an eleven?
캔 아이 트라이 디즈 인 언 일레븐?

Sorry, we don't have that size.
쏘리, 위 돈 해브 댇 사이즈.

Why don't you try them in a ten?
와이 돈 츄 트라이 뎀 인 어 텐?

They fit.
데이 핃.

tight 타읻 /
loose 루즈

J: 11사이즈로 신어 볼 수 있어요? / S: 죄송하지만, 그 사이즈 없어요.

S: 10사이즈 신어 보는 건 어떠세요?

J: 맞네요. (꽉 조이는, 헐렁한)

I'm looking for toner.
아임 루킹 폴 토널.

lotion 로션 /
sunblock 썬블락

Which one is the best?
위취 원 이즈 더 베스트?

This one.
디스 원.

Is it okay for oily skin?
이즈 잍 오우케이 폴 오일리 스킨?

Yes, it's for all types.
예스, 이츠 폴 올 타입스.

A: 스킨 찾고 있어요. (로션, 선크림)

A: 뭐가 잘 나가요? / S: 이거요.

A: 지성 피부에 괜찮아요? / S: 네, 모든 피부용이에요.

76

A: 써 볼 수 있어요? / S: 네, 이 테스터 써 보세요.

S: 마음에 드세요? / A: 약간 끈적거려요.

➔ 사이즈와 착용감에 대해 말할 때

나는 <u>작은</u> / <u>중간</u> / <u>큰</u> 사이즈입니다.

I take a <u>small</u> / <u>medium</u> / <u>large</u>.

아이 테익 어 스몰 / 미디엄 / 랄쥐.

더 <u>작은</u> / <u>더 큰</u> 사이즈 있어요?

Do you have a <u>smaller</u> / <u>bigger</u> one?

두 유 해브 어 스몰럴 / 비걸 원?

➔ 어떤 물건을 보고 싶을 때

저거 보여 주세요.

Please show me that.

플리즈 쇼우 미 댙.

➔ 매장 위치를 물어볼 때

식료품점은 어디 있어요?

Where is the grocery store?

웨얼 이즈 더 그로우서리 스톨?

전자제품 매장은 몇 층인가요?

Which floor are the electronics on?

위취 플로얼 알 디 일렉트라닉스 온?

➜ 진열용이 아닌 다른 물건을 요청할 때

새것 있어요?

Can I get a new one?

캔 아이 겟 어 뉴 원?

죄송하지만, 마지막 물건입니다.

Sorry, that's the last one.

쏘리, 대츠 더 라슽 원.

다 팔렸어요.

It's sold out.

이츠 솔드 아웉.

➜ 할인 상품 확인할 때

이거 할인하나요?

Is this on sale?

이즈 디스 온 세일?

20% 할인입니다.

It's on sale, twenty percent off.

이츠 온 세일, 트웬티 펄센트 오프.

A: 계산대가 어디예요? / S: 아래층이요. (위층)

C: 총 114달러 50센트입니다.

Is this the sale price?
이즈 디스 더 세일 프라이스?

Yes, it is.
예스, 잍 이즈.

PIN number, please.
핀 넘벌, 플리즈.

Please sign here.
플리즈 사인 히얼.

Here is your receipt.
히얼 이즈 유얼 리시트.

$114.50
X Alice

A: 할인 가격인가요? /
C: 네, 맞아요.
C: 비밀번호요.
C: 여기 사인해 주세요.
C: 영수증입니다.

Tip. 무슨 통화로 카드 결제?

해외에서 카드 결제 시, 서명 전 'Selected payment currency: USD(또는 현지 통화 단위) or KRW'라는 문구가 뜹니다. '어떤 통화 단위로 결제할 것인지' 묻는 것으로, 이중 환전으로 인한 수수료 부과를 방지하려면 현지 통화를 선택합니다.

81

Can I get it tax free?
캔 아이 겟 잇 택스 프리?

Yes, show me your passport.
예스, 쇼우 미 유얼 패스폴트.

Here is your tax refund form.
Fill this out and turn it in at the airport.
히얼 이즈 유얼 택스 리펀드 폼.
필 디스 아웃 앤 턴 잇 인 앳 디 에얼폴트.

A: 면세할 수 있어요? / C: 네, 여권 보여 주세요.

C: 세금 환급 신청서입니다. 이거 작성해서 공항에 제출하세요.

➔ 가격 흥정할 때

할인해 주실 수 있어요?

Could you give me a discount?

쿠 쥬 기브 미 어 디스카운트?

➔ 가격, 할인, 쿠폰 확인할 때

이거 <u>싸네요</u> / <u>비싸네요</u>.

It's <u>cheap</u> / <u>expensive</u>.

이츠 칩 / 익쓰펜시브.

세일 가격이 아니에요.

It is not the sale price.

잍 이즈 낱 더 세일 프라이스.

할인 적용이 안 되었어요.

You charged me the original price.

유 찰쥐드 미 디 어리지널 프라이스.

이 쿠폰 쓸 수 있어요?

Can I use this coupon?

캔 아이 유즈 디스 쿠판?

J: 환불하고 싶어요.

C: 영수증 있으세요? / J: 네, 여기요.

C: 오, 이거 세일 상품이었어요.

C: 죄송하지만, 환불이 안 돼요.

J: 여기 흠이 있어요. / C: 음...

I'd like to exchange it.
아이드 라익 투 익쓰체인쥐 잍.

You can get a different one.
유 캔 겟 어 디프런트 원.

Thanks.
땡스.

J: 교환하고 싶어요.

C: 다른 물건으로 가져오세요. /

J: 고마워요.

Tip. 창고 대방출! Clearance!

쇼핑하다가 'Clearance'를 보면,
들어가 보세요! 엄청 큰 폭으로
세일합니다. 대신 대부분의 구입
물건은 교환이나 환불이 안 됩니다.

➜ 반품이나 교환할 때

반품하고 싶어요.

I'd like to return this.

아이드 라익 투 리턴 디스.

차액을 환불받을 수 있을까요?

Can you refund me the difference?

캔 유 리펀드 미 더 디프런스?

* the difference 차액

➜ 반품 시 발생 가능한 상황

재고 수수료를 내야 합니다.

We have a 10 % restocking fee.

위 해브 어 텐 펄센트 리스토킹 피.

* restocking fee 재고 수수료

　(반품 시 물건을 다시 정리 포장하는 비용)

우리는 스토어 크레딧으로만 제공해요.

We can only offer you store credit.

위 캔 온리 오펄 유 스톨 크레딧.

* store credit 스토어 크레딧

　(해당 금액을 추후 쓸 수 있도록 해 주는 일종의 적립금)

〈 고객 센터 이메일 〉

Hello.
헬로우.

My name is Alice. My order number is 12345.
마이 네임 이즈 앨리스. 마이 올덜 넘벌 이즈 원 투 뜨리 폴 파이브.

I received a damaged item.
아이 리시브드 어 대미쥐드 아이틈.

I would like to return my order and get a refund.
아이 우드 라익 투 리턴 마이 올덜 앤 겔 어 리펀드.

I've attached pictures.
아이브 어태취드 픽취얼즈.

Please confirm and inform me what I should do next.
플리즈 컨펄므 앤 인폼 미 왈 아이 슈드 두 넥쓰트.

I'm looking forward to your reply.
아임 루킹 폴월드 투 유얼 리플라이.

Best regards,
베슫 리갈즈,

Alice
앨리스

안녕하세요.
내 이름은 앨리스입니다. 주문 번호는 12345입니다.
파손된 상품을 받았습니다. 내 주문을 반품하고 환불받고 싶습니다.
사진을 첨부합니다. 확인해서 다음 절차를 알려 주시기 바랍니다.
답장 기다리겠습니다.
안녕히 계세요(최상의 안부),
앨리스   * I've = I have

➜ 기타 불만 사항

제품을 아직 못 받았어요.

I have not received my items yet.

아이 해브 낫 리시브드 마이 아이틈즈 옐.

주문을 취소하고 싶어요.

I want to cancel my order.

아이 원 투 캔슬 마이 올덜.

다른 물건을 받았어요.

I received a different item.

아이 리시브드 어 디프런트 아이틈즈.

새 제품으로 받고 싶어요.

I want to get my new one.

아이 원 투 겟 마이 뉴 원.

➜ 쇼핑 사이트에서 유용한 단어

_ create an account 크리에잇 언 어카운트 계정 생성

_ orders 올덜즈 주문

_ QTY(= quantity) 쿠안터티 개수, 양

_ unit price 유닛 프라이스 단가

_ on sale 온 세일 할인

_ payment 페이먼트 결제

_ shipping 쉬핑 배송

_ estimated delivery 에스티메이트 딜리버리 예상 배송일

_ contact us 칸택트 어스 연락처(고객 센터)

득템! 쇼핑 리스트

• clothes 클로우드즈 옷

• pants 팬츠 바지

• shorts 숄츠 반바지

• skirt 스컬트 치마

• vest 베스트 조끼

• socks 삭스 양말

• gloves 글러브즈 장갑

• underwear 언덜웨얼 속옷

• swimsuit 스윔수트 수영복

• shoes 슈즈 신발

• bag 백 가방

• wallet 월릿 (남성용) / purse 펄스 (여성용) 지갑

- jewelry 쥬얼리 보석
- necklace 넥클레이스 목걸이
- bracelet 브레이슬리트 팔찌
- earrings 이얼링즈 귀걸이
- ring 링 반지

- cosmetics 카즈메틱스 화장품
- cleanser 클렌절 세안제
- skincare 스킨케얼 기초화장
- makeup 메익업 색조 화장
- lip stain 립 스테인 틴트
- nail polish 네일 폴리쉬 매니큐어

- perfume 펄퓸 향수

4

교통
Traffic

A: 버스 정류장이 어디예요? / P: 여기서 두 블록 가세요.

A: 이 방향이요? / P: 네.

A: 시내 가는 버스를 거기서 탈 수 있어요? / P: 아니요. 갈아타야 해요.

A: 가장 좋은 방법은 뭐예요? / P: 지하철이요.

A: 지하철역은 어떻게 가요? / P: 가장 가까운 역...

P: 저 모퉁이만 돌면 돼요.

One ticket to downtown.
원 티킷 투 다운타운.

Which way goes downtown?
위취 웨이 고우즈 다운타운?

On the other side.
온 디 아덜 사이드.

Ticket Office

Tip. 교통비를 아껴라!

미국, 유럽은 교통비가 비쌉니다.
그래서 장기 체류나 탑승 횟수가 많을 때는
기간과 가격을 따져 '패스'를 사면 좋습니다.
one-day pass 1일 이용권
one-month pass (= monthly pass)
1개월 이용권

A: 시내 가는 표 한 장이요.

A: 어디가 시내 가는 방향인가요? /
P2: 반대편이요.

➜ 중앙역 가는 길

중앙역으로 가는 길이 맞나요?

Is this the right way to Central Station?

이즈 디스 더 라잍 웨이 투 센트럴 스테이션?

어떤 라인이 중앙역으로 가나요?

Which line goes to Central Station?

위취 라인 고우즈 투 센트럴 스테이션?

중앙역에 가려면 어디서 환승하나요?

Where do I transfer to Central Station?

웨얼 두 아이 트랜스펄 투 센트럴 스테이션?

중앙역에 가려면 어느 역에서 내리나요?

Which stop do I get off for Central Station?

위취 스탑 두 아이 겓 오프 폴 센트럴 스테이션?

중앙역에 가려면 어느 출구로 나가나요?

Which exit do I take for Central Station?

위취 엑씨트 두 아이 테잌 폴 센트럴 스테이션?

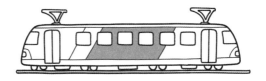

Where are you going?
웨얼 알 유 고잉?

City Hall, please.
씨티 홀, 플리즈.

Seat belt, please.
싵 벨트, 플리즈.

A traffic jam!
어 트래픽 잼!

D: 어디 가세요? / J: 시청이요.

D: 좌석벨트 매 주세요.

J: 길이 막히네!

J: 얼마나 걸려요? /
D: 20분 정도요.
J: 여기 세워 주세요.
J: 잔돈 가지세요.

Tip. 편리한 택시 앱!

최근 우버(Uber)와 같은 앱을 이용해 택시를
부르는 경우가 많습니다. 앱에서 목적지를
입력하고 기사 호출과 결제까지 할 수 있어
편리합니다. 요금도 상대적으로 저렴합니다.

기차표 사기 Buying a Train Ticket

A: 환승하나요? / T: 아니요.

A: 얼마예요? / T: 어떤 좌석 등급이요?

A: 가장 싼 거요.

T: 편도 아니면 왕복이요? / A: 편도요.

T: 135달러입니다. / A: 네. 한 장 주세요.

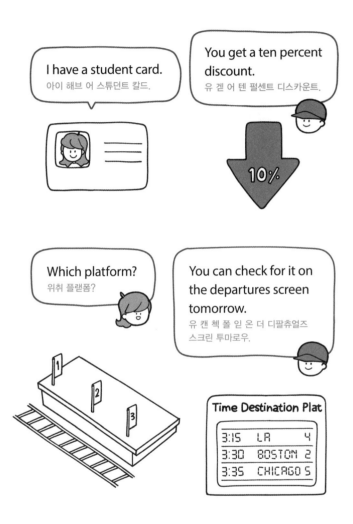

J: 인터넷 예약했어요. 여기 예약 확인서요.

S: 신분증과 운전 면허증 주세요.

S: 내용 확인하고 사인해 주세요.

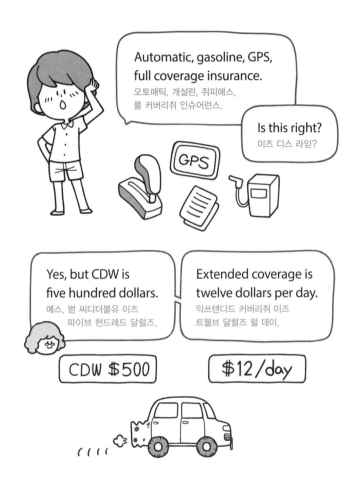

J: 자동 변속기, 휘발유, 내비게이션,
완전 면책 보험.
맞아요? /

S: 네, 그런데 CDW(본인 부담금)가
500달러입니다.
완전 보장은 하루당 12달러입니다.

Tip. **렌터카 파손에 대한 보험**
CDW(Collision Damage Waiver)

렌터카 계약 시, CDW 조건을 확인합니다.
예를 들어, 'CDW $300'는 파손 시
300달러는 운전자 부담, 나머지 금액은
보험 처리한다는 조건입니다.

Hmm…
I don't want it.
흠... 아이 돈 원 잍.

The deposit fee is
three hundred dollars.
더 디파짙 피 이즈 뜨리 헌드레드 달러즈.

$300

Your car is in the parking lot.
Follow me.
유얼 칼 이즈 인 더 파킹 랕. 팔로우 미.

J: 음... 그건 안 할게요. / S: 보증금은 300달러입니다.

S: 차는 주차장에 있습니다. 나를 따라오세요.

➜ 렌터카 예약 및 계약 시 확인 사항

대여 / 반납 장소

Pickup / Return location

픽업 / 리턴 로케이션

다른 장소에서 반납

Drop car off at different location

드랍 칼 오프 앳 디프런트 로케이션

자동 변속기 / 수동 변속기

Automatic / Manual

오토매틱 / 매뉴얼

추가 운전자

Additional Driver

어디셔늘 드라이벌

Tip. 대부분 추가 운전자 한 명당 1일 금액이 추가 산정됩니다.
무료 서비스인 경우도 있으니 업체에 확인해 보세요.

연료 방법

Fuel Policy

퓨얼 팔러씨

_ **Full to Full** 풀 투 풀 기름 채워서 반납
_ **Full to Low** 풀 투 로우 기름을 채우지 않고 반납

• 정지

• 제한 속도 시속 30마일

• 정차 금지

• 주차 금지

• 양보

• 일방통행

• 추월 차선

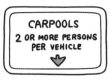

• 2인 이상 탑승 차량 노선

• 견인 지역

• 지정 주차 공간

〈 현금 〉

A: 5번 주유기, 10달러요.

A: 스퀴지(유리닦기)... 창문을 닦아야지!

〈 신용카드 〉

Insert and remove card
인설트 앤 리무브 칼드

→ Enter PIN number → Approved
　엔털 핀 넘벌　　　　　어프루브드

→ Select grade 실렉트 그레이드
　(Usually choose regular 유절리 추즈 레귤럴,
　the cheapest one 더 취피스트 원)

→ Remove and insert nozzle
　리무브 앤 인설트 노즐

→ Start pumping gas
　스탈트 펌핑 개스

→ Receipt
　리시트

카드 삽입하고 빼기
→ 비밀번호 입력 → 승인
→ 기름 등급 선택(일반적으로
　가장 저렴한 레귤러 선택)
→ 주유기 빼서 삽입
→ 주유 시작
→ 영수증

Tip. 우편 번호(zip code)?
세차(car wash)?

카드 결제 시 주유기가 우편번호를
물어보는데, 미국 주소가 없다면
'00000'을 입력합니다.
세차장을 갖춘 경우 'Want a car wash?
(세차를 원해요?)'라고 물어보는데,
원하면 'Yes(네)', 원하지 않으면
'No(아니요)'를 선택합니다.

➜ 주유소에서 유용한 단어

- unleaded gasoline 언레디드 개설린 무연 휘발유

- regular 레귤럴 일반 (휘발유)

- diesel 디즐 경유

- pay inside 페이 인사이드, prepay 프리페이
  카운터에 현금이나 카드로 선지불

- credit 크레디트 신용카드 / debit 데비트 체크카드

- select 실렉트 선택 / cancel 캔슬 취소

- insert 인설트 삽입 / remove 리무브 빼기

- PIN number 핀 넘벌 비밀번호

- enter 엔털 입력 / clear 클리얼 (입력한 숫자) 지우기

- nozzle 노즐 주유기

- receipt 리시트 영수증

매너! 해외 운전

- 국제운전면허증과 국내 운전면허증을 함께 소지합니다.

- STOP(정지) 표지판에서는 3초 정지한 후 출발합니다.

- 빨간 신호등에서 우회전하지 않습니다.

- 스쿨버스가 지나갈 때는 속도를 낮추고 양보합니다.

- 스쿨버스 정차 중에는 차를 멈춰야 하며, 심지어 반대 차선에 있어도
  멈춰야 합니다.

- 경찰이 차를 세웠을 때는 손을 들어 빈손임을 보여 주고, 지시에 따라
  면허증을 제시합니다.

- 골목이나 도로에 사람이 보이면, 차를 멈춥니다.
  반대로 내가 보행자면, 차가 지나가길 기다리지 말고 길을 건너갑니다.
  아니면 차가 계속 기다립니다.

5

문화 생활
Entertainment

G: 가방 열어 주세요.

A: 성인 한 장이요.
그리고 오디오 가이드요.

Tip. 미술관 입구에서 가방 검사?

유명 건물들 안으로 들어갈 때, 보안 검사대를
통과해야 하거나 가방 안을 보여 줍니다.

A: 무료인가요? / C: 아니요. 7달러입니다.

A: 지금 지불해요? / C: 네. 그러고 나서 2층에서 가져가세요.

S: 일본 사람인가요? / A: 아니요. 한국 사람이에요.

S: 아! 어떤 언어요? / A: 영어요. (한국어, 일본어, 중국어, 스페인어, 프랑스어, 독일어)

S: 신분증 주세요.

+ 추가 표현 +

➜ **매표소나 안내 데스크에서**

몇 시에 문 닫아요?

What time do you close?

왓 타임 두 유 클로즈?

안내 책자가 어디 있나요?

Where can I get a brochure?

웨얼 캔 아이 겟 어 브로우슈얼?

입구 / 출구가 어디예요?

Where is the entrance / exit?

웨얼 이즈 디 엔트런스 / 엑씨트?

Entrance

➜ **짐 맡기고 싶을 때**

가방을 맡길 수 있나요?

Can I check my bag?

캔 아이 첵 마이 백?

사물함이 어디 있어요?

Where are the lockers?

웨얼 알 더 락컬즈?

119

J: 이 공연이 오늘밤 여기서 하나요? / S: 네.

J: 지금 들어갈 수 있어요? / S: 아직이요. 10분 후에 오세요. (15분 후, 30분 후)

S: 표 보여 주세요.

S: 위층으로 가세요. / J: 외투실(물품보관소)은 어디예요?

S: 바로 저기요. / J: 아, 감사합니다.

Just one coat?
저슷 원 코트?

Yes.
예스.

Here is your number.
히얼 이즈 유얼 넘벌.

Tip. 공연장에서 외투와 큰 가방은 맡기세요!

외투를 입거나 백팩, 쇼핑백 같은 큰 가방을
가지고 들어가서 공연을 보는 것은 실례입니다.
그래서 외투실(cloak room)에 그것들을
맡깁니다. 그러면 번호표를 주는데, 가지고
있다가 공연이 끝나고 찾아가면 됩니다.

S2: 코트 하나요? / **J:** 네.
S2: 여기 번호표요.

J: 실례합니다. 이거 제 좌석인데요. / P: 그래요? 당신 좌석 번호가 뭐예요?

J: H7. / P: 이 좌석은 G7이에요.

J: 아! 죄송합니다. / P: 괜찮습니다.

J: 이 줄은 뭐예요? / P: 경기장 입구요.

J: 매표소는 어디예요? / P: 반대쪽이요.

J: 줄 서신 거예요? / P2: 네.

J: 어른 한 장이요. / T: 어느 구역이요?

J: 잘 모르는데요. 앞쪽 자리 있어요?

T: 어느 쪽이요? / J: 다저스요. 100달러 이하로요.

T: 남은 자리가 없어요. 위층 자리들만 가능해요.

J: 얼마예요? / T: 78달러 55센트입니다.

J: 네. 그걸로 할게요.

- **얼리버드(early-bird) 티켓**

  공연, 스포츠, 기차나 버스 티켓까지 인터넷으로 미리 예매하면,
  좋은 자리를 저렴하게 구할 수 있습니다.

- **거주 국가: Korea, Republic of 또는 South Korea**

  인터넷 예약 시, 종종 거주 국가를 선택해야 합니다. 'Korea'까지
  찾으면, 'Korea, Republic of(남한)', 'Korea, Democratic People's
  Republic of(북한)' 이렇게 두 개가 있으니 잘 선택하세요!

- **국가 번호: +82**

  전화번호를 입력해야 하는 경우, 한국의 국가 번호는 +82이며
  이 부분은 보통 목록에서 스크롤로 찾아서 선택합니다. 나머지
  전화번호는 첫 번째 0을 빼고 쓰면 됩니다. 예를 들어, 전화번호
  010-1111-1111은 +82-10-1111-1111로 입력합니다. 국제 전화를 할
  때도 같습니다.

- **이메일 확인**

  예약한 티켓은 이메일로 받아서 프린트하는 것이 좋습니다.

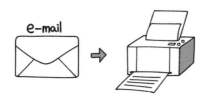

인터넷 예매 사이트에서 유용한 단어

- buy tickets 바이 티키츠 티켓 구매

- date 데이트 날짜

- quantity 쿠안터티 수량

- adult 어덜트 어른 / child 차일드 아이 / senior 시니얼 어르신

- seat selection 싯 실렉션 자리 선택 /
  selected seat 실렉티드 시트 선택한 좌석

- available 어베일러블 가능

- sold out 솔드 아웃 매진

- stage 스테이쥐 무대

- row 로우 줄

- change currency 체인쥐 커런시 결제 화폐 단위
  (USD 미국 달러 / KRW 원)

- book now 북 나우 지금 예약

- delete 딜리트 삭제

- payment 페이먼트 지불

- review 리뷰 확인

- confirmation 칸펄메이션 확정

6

여행
Travel

C: 안녕하세요. 여권 보여 주세요.

C: 부칠 짐이 몇 개예요? / A: 한 개요.

C: 가방 여기 올려 주세요.

Any batteries in your baggage?
애니 배터리즈 인 유얼 배기쥐?

No.
노우.

Aisle seat, please.
아일 싯, 플리즈.

window seat
윈도우 시트

O.K.
오우케이.

C: 짐 안에 배터리 있어요? /
A: 아니요.

A: 복도 자리 주세요. (창가 자리) /
C: 네.

Tip. 공항 가기 전 체크인

모바일 앱이나 웹에서 미리 항공권 체크인을
하면, 공항에서 수하물만 부치면 됩니다.
수하물만 부치는 줄은 따로 있어 대기 시간도
짧습니다. 보통 출발 24시간 전부터 체크인
가능하고, 좌석 선택도 할 수 있어 좋습니다.

You can board at gate number 72.
유 캔 볼드 앳 게잇 넘벌 세븐티 투.

Boarding starts at twelve twenty.
볼딩 스탈츠 앳 트웰브 트웬티.

You should get to the gate at least fifteen minutes before then.
유 슈드 겟 투 더 게잇 앳 리슫 피프틴 미니츠 비폴 덴.

C: 72번 탑승구에서 탑승하세요.

C: 탑승은 12시 20분에 시작합니다.

C: 적어도 15분 전에는 탑승구에 와야 합니다.

➔ 마일리지 & 일행 좌석 확인

마일리지 적립해 주시겠어요?

Can you put it on my mileage card?

캔 유 풋 잇 온 마이 마일리쥐 칼드?

붙어 있는 좌석으로 주세요.

I'd like seats next to each other.

아이드 라익 시츠 넥쓰 투 이취 아덜.

➔ 항공사 카운터에서 짐 부칠 때

(짐이) 무게를 초과했어요.

It's over the weight limit.

이츠 오벌 더 웨잇 리미트.

이것은 (비행기에) 들고 타요.

This will be a carry-on.

디스 윌 비 어 캐리온.

'파손 주의' 스티커를 붙여 주시겠어요?

Could you put a 'fragile' label on it?

쿠 쥬 풋 어 '프래질' 레이블 온 잇?

Here:

비행기에서 On an Airplane — MP3. 30

C: 탑승권 보여 주세요.
C: 이쪽으로 가세요.
A: 담요 하나 더 주세요. (슬리퍼, 귀마개, 안대, 칫솔)

136

C: 소고기와 생선을 제공하고 있습니다. / A: 네?

C: 소고기와 생선이요. / A: 소고기 주세요.

C: 음료는 무엇으로 하시겠어요? / A: 물 주세요.

A: 이거 치워 주시겠어요?
A: 먼저 가세요. / P: 고마워요.

* lavatory 화장실 /
  vacant 비어 있는 /
  occupied 사용 중인

➜ 안전한 비행을 위해

가방을 좌석 밑으로 넣어 주세요.

Please put your bag under your seat.

플리즈 풋 유얼 백 언덜 유얼 시트.

좌석 등받이를 세워 주세요.

Please put your seat back upright.

플리즈 풋 유얼 싣 백 업라잍.

비행기 창문 커튼을 열어 주세요.

Please open your window shades.

플리즈 오픈 유얼 윈도우 쉐이즈.

* window shade 비행기 창문

좌석벨트 신호에 불이 들어왔습니다.

The seat belt sign is on.

더 싣 벨트 사인 이즈 온.

➜ 영어로 말하기 힘들 때

한국어 하는 분이 계십니까?

Are there any Korean speakers?

알 데얼 애니 코리언 스피컬즈?

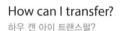

How can I transfer?
하우 캔 아이 트랜스펄?

Follow
the 'Transfer' sign.
팔로우 더 '트랜스펄' 사인.

Excuse me, I want to transfer.
익쓰큐즈 미, 아이 원 투 트랜스펄.

Is this the right way?
이즈 디스 더 라잇 웨이?

Yes. Get in this line.
예스. 겟 인 디스 라인.

A: 환승 어떻게 하나요? / S: '트랜스퍼' 사인을 따라가세요.

A: 실례지만, 나는 환승하려고 해요.　　　　　　* passport control
　이 방향이 맞나요? / S2: 네, 이쪽 줄로 가세요.　여권 심사대

140

Which gate…?
Ah! 3C.
위취 게이트…? 아! 뜨리씨.

Oh, no!
The flight is delayed.
오, 노! 더 플라잇 이즈 딜레이드.

Departure
3A
3B
3C
3D

**Tip. 트랜스퍼(transfer)? 트랜짓(transit)?
스탑 오버(stop over)?**

트랜스퍼는 다른 비행기로 완전 갈아타는
'환승', 트랜짓은 중간에 잠시 내렸다가 같은
비행기로 다시 타는 '경유'입니다. 환승 시간이
길어서 공항을 빠져나가 머무는 것을 스탑
오버라 합니다. 항공권을 구매할 때, 스탑 오버가
가능한지 확인해서 경유지를 여행해 보세요.

A: 어느 탑승구…? 아! 3C.
A: 오, 안 돼!
비행기가 지연됐네.

A: 진짜 피곤하다.

A: 저기요, 이 자리 사람 있나요? / P: 아니요.

C: 뉴욕으로 가는 아메리카 에어라인 승객분들께 알려 드립니다.
우리는 탑승구 3C에서 탑승을 시작합니다.

→ 비행기가 연착할 때

비행기가 연착되었어요.
My flight was delayed.
마이 플라잍 워즈 딜레이드.

연결 항공편을 탈 수 있을까요?
Can I get a connecting flight?
캔 아이 겥 어 커넥팅 플라잍?

11C 탑승구는 어떻게 가요?
How do I get to gate 11C?
하우 두 아이 겥 투 게잍 일레븐씨?

→ 다음 비행기를 놓쳤을 때

비행기를 놓쳤어요.
I missed my flight.
아이 미스트 마이 플라잍.

다음 항공편은 언제 있나요?
When is the next flight?
왠 이즈 더 넥쓷 플라잍?

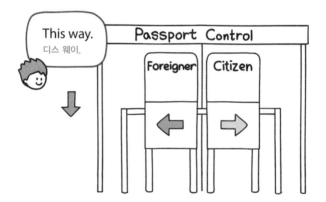

S: 미국은 처음인가요? /
A: 네.

S: 이쪽입니다.

* foreigner 외국인 /
  citizen 내국인

Tip. 심사할 때 영어를 알아듣기 힘들면?

섣불리 대답하지 말고, 'I don't understand.
Are there any Korean speakers, please?
아이 돈 언덜스탠드. 알 데얼 애니 코리언 스피컬즈,
플리즈? (이해를 못했습니다. 한국어 하는 사람이
있나요?)'라 말하며 통역을 요청합니다.

I: 방문 목적이 무엇인가요? / A: 여행입니다. (출장)

I: 얼마나 체류해요? / A: 일주일입니다.

I: 돌아가는 항공권을 보여 주세요.

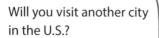

Will you visit another city in the U.S.?
윌 유 비짙 언아덜 씨티 인 디 유에스?

Yes, Boston and Niagara Falls.
예스, 보스톤 앤 나이애거러 폴즈.

Boston   Niagara

Who are you traveling with?
후 알 유 트래블링 위드?

By myself.
바이 마이셀프.

Look at the camera.
룩 앹 더 캐머러.

I: 미국에서 다른 도시도 가나요? / A: 네, 보스톤과 나이아가라 폭포요.
I: 누구와 여행하나요? / A: 혼자요.
I: 카메라 보세요.

+ 추가 표현 +

➜ 입국 심사에서 많이 받는 질문

여기 와 본 적 있습니까?

Have you ever been here?

해브 유 에벌 빈 히얼?

혼자 여행합니까?

Are you traveling alone?

알 유 트래블링 얼론?

얼마나 머무나요?

How long will you stay?

하우 롱 윌 유 스테이?

어디에 머무나요?

Where will you stay?

웨얼 윌 유 스테이?

돈은 얼마나 있습니까?

How much money do you have?

하우 머취 머니 두 유 해브?

Do you have anything to declare?
두 유 해브 애니띵 투 디클레얼?

No.
노우.

Do you have any food?
두 유 해브 애니 푸드?

No.
노우.

alcohol / tobacco
앨커홀   터배코우

C: 신고할 게 있습니까? /
A: 아니요.

C: 음식물이 있어요? (술, 담배) /
A: 아니요.

Tip. 입국 마지막 절차, 세관 신고

보통은 세관 신고서를 제출하면 통과합니다.
그러나 세관원이 질문하거나 가방을 열어
보여 달라고 하면, 그 지시에 따라야 합니다.

✛ 추가 표현 ✛

➜ 세관에서 받을 수 있는 요청과 질문

세관 신고서를 보여 주세요.

Show me your customs declaration card.

쇼우 미 유얼 커스텀즈 데클러레이션 칼드.

이것들은 무슨 용도입니까?

What are these for?

왓 알 디즈 폴?

이것은 반입 금지되어 있습니다.

This item is not allowed.

디스 아이틈 이즈 낫 얼라우드.

이것은 세금을 내야 합니다.

You have to pay duty on this.

유 해브 투 페이 듀티 온 디스.

이 가방 열어 보세요.

Open this suitcase.

오픈 디스 수트케이스.

S: 안녕하세요! 무엇을 도와드릴까요? / A: 시티 투어 있어요?

S: 오늘이요? / A: 아니요. 내일이요.

S: 네, 일일 투어요? / A: 반나절이요.
A: 투어가 몇 시간인가요? / S: 4시간입니다.

A: 언제 시작하나요? / **S:** 아침 8시와 오후 2시예요.

S: 어떤 것이 더 좋으세요? / **A:** 오후 2시요.

A: 여기서 예약하나요? / **S:** 네.

A: 만나는 곳은 어디예요? / S: 이 센터 앞이요.

A: 좋네요!

S: 이 종이 가져오는 거 잊지 마세요.

〈 체크인 〉

Check-in, please.
첵인, 플리즈.

May I have your ID?
메이 아이 해브 유얼 아이디?

O.K.
We require a fifty-dollar deposit.
오우케이. 위 리콰이얼 어 피프티달럴 디파짙.

$ 50

J: 체크인할게요. / C: 신분증 볼 수 있을까요?

C: 다 됐습니다. 보증금 50달러를 내셔야 합니다.

How can I pay?
하우 캔 아이 페이?

Cash or credit.
캐쉬 오얼 크레딧.

$50 or

Breakfast is from 7 to 10 a.m.
브렉퍼스트 이즈 프롬 세븐 투 텐 에이엠.

07 ~ 10 a.m.

The restaurant is on the first floor.
더 레스터란트 이즈 온 더 펄스 플로얼.

HARU HOTEL
5F
4F
3F
2F
1F

J: 어떻게 내면 되나요? /
C: 현금이나 카드로요.

C: 아침은 오전 7시부터
   10시까지입니다.

C: 레스토랑은 1층에 있습니다.

Tip. 객실 보증금, 디포짓(deposit)

체크인할 때 현금이나 카드로 디포짓을
요구할 수 있습니다. 체크아웃할 때 돌려받는데,
카드로 결제한 경우 2~3주 뒤에 결제 취소를
확인합니다. 호스텔에서는 수건이나 시트,
베개 커버 보증금을 받기도 합니다.

155

The swimming pool is open?
더 스위밍 풀 이즈 오픈?

Yes.
예스.

How late is it open?
하우 레잍 이즈 잍 오픈?

9 p.m.
나인 피엠.

J: 수영장은 열려 있나요? / C: 네.

J: 몇 시까지 열어요? / C: 밤 9시요.

〈 체크아웃 〉

Check-out, please.
첵아웃, 플리즈.

Here is the bill.
히얼 이즈 더 빌.

Hotel
total : $

What is this charge?
왈 이즈 디스 찰쥐?

It's the city tax per night.
이츠 더 씨티 택스 펄 나잍.

TAX

J: 체크아웃할게요. / C: 여기 청구서입니다.
J: 이 요금은 뭐예요? / C: 1박당 부과하는 도시세입니다.

J: 아! 이해했어요. 짐 맡길 수 있을까요?

C: 그럼요. 언제 오세요? / J: 3시쯤이요.

C: 수하물표입니다.

+ 추가 표현 +

➜ 호텔 로비에서

빈방 있나요?

Do you have any vacancies?

두 유 해브 애니 배이컨시즈?

* vacancy 빈방

방 먼저 볼 수 있나요?

Can I see the room first?

캔 아이 씨 더 룸 펄스트?

체크아웃 시간이 언제인가요?

When is the check-out time?

웬 이즈 더 첵아웉 타임?

조식 포함입니다.

Breakfast is included.

브렉퍼스트 이즈 인클루디드.

➜ 숙소에서 유용한 단어

_ a wake-up call 어 웨이컵 콜 모닝콜

_ complimentary 컴플리먼트리 무료

_ bath towel 배뜨 타월 목욕 수건

_ double room 더블 룸 더블룸 (큰 침대 1개)

_ twin room 트윈 룸 트윈룸 (침대 2개)

체크! 여행 준비물

- **여권**: 인적 사항 페이지를 사진이나 사본으로 소지합니다.

- **전자 여행 허가 또는 비자**: 여행지에 따라 필요할 수 있으니 미리 확인합니다. 특히 미국, 캐나다, 호주의 경우 인터넷으로 미리 여행 허가를 신청해야 합니다. 대부분 신청 후 신용카드 결제가 완료되면 승인이 나지만, 경우에 따라 며칠이 소요될 수 있습니다.

반드시 영문으로 작성해야 합니다.

- 미국: ESTA(전자 여행 허가제), 90일 체류 가능, 유효기간 2년, 한국어 질문 지원

- 미국령 괌, 사이판: ESTA 없이 입국 가능. 단, 심사가 오래 걸려 ESTA 권장

- 캐나다: eTA(전자 여행 허가), 6개월 체류 가능, 유효기간 5년

- 호주: ETA(전자 비자), 3개월 체류 가능, 유효기간 1년

- **이티켓**: 입국 심사 대비 티켓을 출력합니다.

- **여권 맨 앞장 사본** 및 **현지 증명사진**: 여권 분실이나 기타 필요한 경우를 대비합니다.

- **달러** 또는 **현지 통화**: 인터넷이나 은행, 공항에서 환전합니다.

- **신용카드·체크카드**: 해외 사용이 가능한지 확인합니다.

- **심카드·포켓 와이파이**: 한국에서 미리 살 수도 있습니다.

- **예약 바우처**: 숙소, 투어 상품, 공연 등의 예약 확인증을 출력합니다.

- **110V 어댑터**: 여행지 전압 확인 후 필요시 준비합니다.

- **여행 관련 앱**: 지도 앱, 택시 앱, 번역 앱 등을 다운받습니다.

- **기타**: 여행자 보험, 국제운전면허증, 국제 학생증, 각종 할인쿠폰 등

7

일상 & 응급
Daily Life & Emergencies

〈 편의점에서 〉

Excuse me.
Where is the beer?
익쓰큐즈 미,
웨얼 이즈 더 비얼?

We don't sell beer here.
You need to go to
the liquor store.
위 돈 셀 비얼 히얼.
유 닏 투 고우 투 더 리컬 스톨.

Where is it?
웨얼 이즈 잍?

Just across the road.
저슽 어크로스 더 로우드.

J: 저기요. 맥주는 어디 있어요? /
C: 여기는 맥주를 안 팔아요.
　　주류 매장으로 가셔야 합니다.

J: 어디에 있어요? /
C: 길 건너면 바로 있어요.

Tip. 외국에서 술을 사려면?

술 판매 허가를 받은 일부 편의점이나
주류 매장에 가야 하며, 살 수 있는 시간이
정해져 있기도 합니다. 계산할 때 신분증도
확인하니, 여권을 꼭 가져갑니다.

J: 잔돈 있으세요? / C: 앗! 없습니다.

J: 그럼 이거 안 할게요.

This fruit doesn't look good!
디스 프룻 더즌 룩 굿!

Wow! Bread!
와우! 브레드!

eggs 에그즈 /
cheese 취즈 /
milk 밀크

Buy one, get one free.
바이 원, 겟 원 프리.

A: 과일이 안 좋아 보인다!
A: 와! 빵이다! (계란, 치즈, 우유)
A: 1+1이네.

C: 멤버십 카드 있어요? / A: 아니요.

A: 이거 두 번 계산했어요. / C: 오! 취소해 드릴게요.

J: 여기 무슨 레드 와인이 좋아요? / C: 단맛 없는 거 아니면 있는 거요?

J: 단맛이 없는 거요. / C: 이거 훌륭해요.

J: 조금 더 구경할게요.

+ 추가 표현 +

➜ 식품 매장에서

유효 기간을 못 찾겠어요.

I can't see the best before date.

아이 캔드 씨 더 베슫 비폴 데이트.

➜ 주류 매장에서

이 보드카는 몇 도인가요?

What proof is this vodka?

왙 프루프 이즈 디스 보드카?

Tip. 미국은 알코올 도수를 proof로 표시하며, 알코올 4% = 8 proof입니다.

➜ 계산대에서

1달러 덜 주셨어요.

You're a buck short.

유얼 어 벅 숕.

Tip. 미국에서는 회화에서 dollar 대신 buck도 많이 씁니다.

비닐 / 종이 봉투 하나 더 주세요.

One more <u>plastic / paper</u> bag, please.

원 모얼 플래스틱 / 페이펄 백, 플리즈.

따로 포장해 주세요.

Wrap these separately, please.

랩 디즈 세프레틀리, 플리즈.

〈 현금자동지급기 사용법 〉

1. Insert card
   인설트 칼드

→ 2. Select your language (English)
   실렉트 유얼 랭귀쥐 (잉글리쉬)

→ 3. Enter your PIN
   엔털 유얼 핀

→ 4. Select a transaction (Withdraw)
   실렉트 어 트랜잭션 (위드드로우)

→ 5. Choose an amount (Other)
   추즈 언 어마운트 (아덜)

   Enter the amount of your withdrawal
   엔털 디 어마운트 오브 유얼 위드로월

→ 6. Would you like a receipt? (Yes / No)
   우 쥬 라익 어 리시트? (예스 / 노)

Processing…
프로세싱…

Sorry, your transaction is denied.
쏘리, 유얼 트랜잭션 이즈 디나이드.

Check your balance.
첵 유얼 밸런스.

1. 카드 삽입 → 2. 언어 선택 (영어) → 3. 비밀번호 입력 →
4. 거래 선택 (출금) → 5. 출금액 선택 (다른 금액), 원하는 출금액 입력 →
6. 영수증을 원하십니까? (예 / 아니요)
진행 중…
죄송하지만, 거래가 거부되었습니다.
잔액을 확인하세요.

A: 말도 안 돼! 뭐가 잘못된 거야?

A: 침착해! 다른 기계에서 해 보자.

A: 다행이다!

P: 무엇을 도와드릴까요? / A: 여기 신고하러 왔어요.

P: 무슨 일이 발생했는지 설명할 수 있어요? / A: 나는 영어를 못해요.

A: 한국어 하는 분 있어요? /
P: 아니요.
A: 대사관에 연락해 주세요.

Tip. 경찰서에 간다면?

상황을 영어로 정확하게 설명하기 어렵다면,
통역이나 대사관에 연락해 달라고 하세요.
어설프게 설명하면, 오히려 문제가 심각해집니다.

➡ 누군가에게 신고를 요청할 때

경찰에 신고해 주세요.

Call the police, please.

콜 더 폴리스, 플리즈.

➡ 대사관 또는 통역사의 도움이 필요할 때

여권을 잃어버렸어요.

I lost my passport.

아이 로슫 마이 패스폴트.

대한민국 대사관에 연락해 주세요.

Please call the embassy of the Republic of Korea.

플리즈 콜 디 엠버시 어브 더 리퍼블릭 어브 코리아.

한국어 통역사 좀 불러 주세요.

A Korean interpreter, please.

어 코리언 인털프리털, 플리즈.

* interpreter 통역사

➜ 전화기를 쓰고 싶을 때

전화를 하고 싶어요.

I want to make a phone call.

아이 원 투 메익 어 폰 콜.

➜ 신고할 때

나는 <u>폭행</u> 신고하러 왔어요.

I'm here to report <u>an assault</u>.

아임 히얼 투 리폴트 언 어설트.

_ a robbery 어 라버리 강도
_ a theft 어 떼프트 절도
_ a snatching 어 스내칭 날치기
_ a pickpocketing 어 픽파키팅 소매치기
_ a car accident 어 칼 액시던트 교통사고
_ a hit-and-run 어 힡앤런 뺑소니 사고

누가 내 가방을 가져갔어요.

Someone took my bag.

썸원 툭 마이 백.

Can I see a doctor right now?
It's an emergency.
캔 아이 씨 어 닥털 라잇 나우? 이츠 언 이멀전시.

Please fill out this form first.
플리즈 필 아웃 디스 폼 펄스트.

1. Age : _____
2. Blood type : _____
3. Chronic illnesses :
4. For Woman only
Pregnant (Yes / No)

J: 의사를 지금 볼 수 있을까요?
   응급 상황이에요.

C: 이 양식을 먼저 작성해 주세요.

Tip. 병원은 반드시 예약!
미국이나 유럽의 병원은 응급이 아닌 이상
예약제로 진료합니다. 여행객의 경우 진료를
받으려면 먼저 응급실을 찾아가세요.

176

〈 병원 문진표 〉

1. Age 에이쥐 나이

2. Blood type 블러드 타입 **혈액형**

3. Chronic illnesses 크라닉 일니시즈 **지병**
   _ High blood pressure 하이 블러드 프레셜 **고혈압**
   _ Diabetes 다이어비티즈 **당뇨**
   _ Asthma 애즈머 **천식**
   _ Heart disease 할트 디지즈 **심장병**
   _ etc. 엣세터러 **기타**(et cetera)

4. For woman only 폴 우먼 온리 **여성인 경우만**
   Pregnant 프레그넌트 (Yes 예스 / No 노) 임신 중 (네 / 아니요)

5. Do you take any medication?
   두 유 테익 애니 메디케이션? **복용하는 약이 있습니까?**

   (Yes 예스 / No 노) (네 / 아니요)

   If you selected 'yes,' provide details here.
   이프 유 실렉티드 '예스', 프로바이드 디테일즈 히얼.

   '네'를 선택했으면, 여기에 상세한 내용을 적으세요.

   * provide 제공하다

Are you O.K.?
알 유 오우케이?

No, I feel dizzy.
노우, 아이 필 디지.

A fever?
어 피벌?

Yes. I think I have a cold.
예스, 아이 띵크 아이 해브 어 코울드.

J: 괜찮아요? / A: 아니요, 어지러워요.

J: 열 있어요? / A: 네. 감기 걸린 거 같아요.

178

J: 언제부터요? / A: 어제요. / J: 약국에 갑시다.

P: 안녕하세요. 어디가 불편해요? /
A: 약간 두통이 있어요. (열, 배탈, 벌레 물림)

P: 이거 드세요, 하루에 3번.

J: 쉬어요! / A: 네, 고마워요.

+ 추가 표현 +

➜ 병원에서 유용한 단어

_ sweat 스웰 땀
_ cough 코프 기침
_ chill 칠 한기
_ vomiting 바미팅 구토
_ diarrhea 다이어리아 설사
_ rash 래쉬 발진
_ blood 블러드 피
_ bruise 브루즈 멍
_ scar 스칼 상처, 흉터
_ blood pressure 블러드 프레셜 혈압
_ paralysis 퍼랠러시스 마비
_ operation 오퍼레이션 수술
_ injection 인젝션, shot 샷 주사

➜ 약국에서 유용한 단어

_ pain killer 페인 킬럴 진통제
_ anti-itch cream 앤티이취 크림 (가려움에 쓰는) 연고
_ fever reducer 피벌 리듀설 해열제
_ digestive aid 다이제스티브 에이드 소화제
_ band aid 밴드 에이드 반창고
_ motion sickness 모션 씨크니스 멀미
_ mountain sickness 마운틴 씨크니스 고산병
_ prescription 프리스크립션 처방전

➜ 병원 접수대에서

예약 없이 가는 사람도 받나요?

Do you take walk-ins?

두 유 테익 웍인즈?

어떤 보험이 있으세요?

What kind of insurance do you have?

왙 카인드 어브 인슈어런스 두 유 해브?

➜ 증상 & 통증 정도 말하기

영어로 증상을 말하기 힘들어요.

I don't know how to say my symptoms in English.

아이 돈 노 하우 투 세이 마이 심틈즈 인 잉글리쉬.

배가 너무 아파요.

My <u>stomach</u> is killing me.

마이 스터먹 이즈 킬링 미.

_ eye 아이 눈

_ nose 노우즈 코

_ ear 이얼 귀

_ throat 뜨로우트 목

_ tooth 투뜨 이

_ leg 레그 다리

<u>약한</u> / <u>심한</u> 통증이요.

<u>Slight</u> / <u>Severe</u> pain.

슬라잍 / 시비얼 페인.

182

➜ 약 복용 관련 문의하기

이거 어떻게 복용해요?
How do I take this?
하우 두 아이 테익 디스?

(이거 먹으면) 졸리나요?
I'll get drowsy (if I take this)?
아일 겥 드라우지 (이프 아이 테익 디스)?

부작용 있나요?
Any side effects?
애니 사이드 이펙츠?

식사하고 드세요. (빈속에 먹지 마세요.)
With food.
위드 푸드.

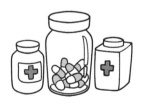

- **새해(New Year's Day) 1월 1일**

  새해 전날부터 첫날 새벽까지 파티를 합니다. 자정이 되면, 새해
  인사 'Happy New Year! (새해 복 많이 받으세요!)'를 말하며 친구들,
  가족과 함께 새해의 첫 순간을 축하합니다. 길거리에서 노래하며
  춤추기도 하고, 퍼레이드를 열기도 합니다.

- **밸런타인데이(Valentine's Day) 2월 14일**

  성자 밸런타인의 죽음을 기념하는 날입니다. 연인끼리 초콜릿, 꽃
  선물을 주고받습니다. 우리나라처럼 여자가 남자에게 주는 날은
  아닙니다.

- **부활절(Easter) 3월 중순~4월 중순 중 하루(매년 다름)**

  기독교 영향을 받은 국가들에 있는 기념일입니다. 이날을 축하하기
  위해 달걀 껍데기에 색칠 장식을 한 '부활절 달걀'을 선물로 주기도
  합니다.

- **핼러윈(Halloween) 10월 31일**

  악령을 쫓는 날로, 아이들은 귀신 분장을 하고 바구니를 들고서
  동네를 돌아다닙니다. 문 앞에서 'Trick or treat? (장난칠까요
  아니면 과자 줄래요?)'라 하면, 이웃들은 문을 열고 준비한 사탕이나
  초콜릿을 줍니다. 주황색 호박 속을 파서 얼굴 모양을 낸 후, 그 안에
  초를 켠 장식도 많이 합니다.

- **추수 감사절(Thanksgiving Day) 11월 넷째 목요일**

  우리나라의 추석 같은 명절입니다. 서로에게 감사 카드를 보내고,
  온 가족이 모여 지냅니다. 구운 칠면조와 옥수수, 고구마, 호박파이
  등으로 추수 감사절 식탁을 푸짐하게 차려 이날을 기념합니다.

- **성탄절(Christmas) 12월 25일**

  기독교 문화권 국가들의 큰 명절입니다. 이날부터 새해까지
  휴가를 보내는 사람들이 많습니다. 대부분 가족들과 시간을
  보냅니다. 길거리를 지나다 모르는 사람들도 눈이 마주치면,
  웃으면서 'Merry Chrismas! (즐거운 성탄절!)'라고 인사합니다.

8

기초 표현
Basic Expressions

A: 안녕! 오늘 어때?
J: 좋아, 넌? / A: 좋아.

Tip. 안녕하세요!
나이 상관 없이 편하게 Hi!
조금 어색한 사이라면 Hello!

A: 잘 가요! / J: 잘 가요!
A: 잘 지내요! / J: 연락해요.

Tip. **헤어질 때 인사**

실제 대화는 you의 구어체 ya를 사용해,
'See ya!'로 많이 말합니다.

I'm John. What's your name?
아임 존. 와츠 유얼 네임?

I'm Alice.
아임 앨리스.

John   Alice

Where are you from?
웨얼 알 유 프롬?

I'm from Korea.
아임 프롬 코리아.

J: 나는 존입니다. 이름이 뭐예요? /
A: 앨리스입니다.

J: 어디서 왔어요? /
A: 한국에서 왔어요.

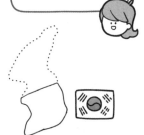

Tip. **나는 남한 사람!**

외국 사람들은 초면에 나이보다
이름, 국적을 많이 묻습니다.
이때 한국인이라고 하면, 'South
or north?(남쪽 아니면 북쪽?)'라고
다시 묻는 경우가 종종 있습니다.

A: 무슨 일 해요? / J: 엔지니어예요. 당신은요?

A: 학생이에요. (직장인)

A: 고마워요! / J: 별말씀을요.

A: 너무 감사해요! / J: 괜찮습니다.

Thank you so much!
땡 큐 소우 머취!

My pleasure.
마이 플레절.

You're so kind.
유얼 소우 카인드.

Thanks.
땡스.

J: 정말 감사합니다! /
A: (도움이 되어) 제가 기뻐요.

A: 정말 친절하세요. / J: 고마워요.

Tip. 칭찬에 대한 대답!

칭찬을 들었을 때는, 'Thank you!'로
응답하면 됩니다. '아니야.'라고
겸손하게 말할 필요는 없습니다.

I'm late. I'm sorry.
아임 레이트. 아임 쏘리.

That's alright.
대츠 올라잍.

I'm so sorry about that.
아임 소우 쏘리 어바웉 댙.

Tip. 위로와 걱정의 뉘앙스, sorry

'sorry'에는 '유감이다'라는 위로와
걱정의 뉘앙스도 있습니다.
예를 들면, 상대가 다쳤거나 실패를 했을
때 '당신이 그렇게 되어 유감입니다.'라는
의미로 'I'm sorry.'라고 말합니다.

A: 늦었네요. 죄송합니다. /
J: 괜찮습니다.
A: 그것에 대해 정말 유감입니다.

J: 사과할게요. / A: 별거 아니에요.

J: 제 잘못이에요. / A: 걱정하지 마세요.

A: 저기요. / J: 잠시만요.

J: 무슨 일이세요? / A: 도와주세요!

J: 부탁 좀 해도 될까요? / A: 물론이죠.
J: 다시 말해 주세요. / A: 알겠습니다.

J: 한국에 갈 거예요, ASAP. / A: ASAP가 무슨 뜻이에요?

J: 가능한 한 빨리. / A: 이해했어요.

A: 그런데, 정말이에요? / J: 네.
A: 나를 놀리네요. / J: 아니요. 진짜예요.
A: 와! 즐거운 여행하세요.

네! / 대단해! / 놀라워! / 완벽해! / 좋아!

아니요! / 세상에! / 끔찍해! / 젠장! / 조용히 해!

1	2	3	4	5
one	two	three	four	five
원	투	뜨리	폴	파이브

6	7	8	9	10
six	seven	eight	nine	ten
식스	세븐	에잍	나인	텐

11	12	13	14	15
eleven	twelve	thirteen	fourteen	fifteen
일레븐	트웰브	떨틴	폴틴	피프틴

Tip. 16~19는 6~9 끝에 '-teen'을 붙여 발음하면 됩니다.

20	30	40	50	60
twenty	thirty	forty	fifty	sixty
트웬티	떨티	폴티	피프티	식스티

Tip. 20부터는 1~9 중에서 말하고 싶은 숫자를 뒤에 같이 쓰면 됩니다.
예를 들어, 21은 twenty one입니다.

70	80	90	100	1,000
seventy	eighty	ninety	hundred	thousand
세븐티	에이티	나인티	헌드레드	따우전드

첫 번째	두 번째	세 번째	네 번째	다섯 번째
first	second	third	fourth	fifth
펄스트	세컨드	떨드	폴쓰	피프쓰

Tip. 여섯 번째부터는 끝에 '-th'를 붙여 발음하면 됩니다.

[화폐 Money]

• 미국 화폐 단위: dollar 달러

• 지폐 bill 빌

1달러

Tip. 1달러는 지폐와 동전 둘 다 있습니다.

1 dollar
원 달러

2달러	5달러	10달러
2 dollars	5 dollars	10 dollars
투 달러즈	파이브 달러즈	텐 달러즈

20달러	50달러	100달러
20 dollars	50 dollars	100 dollars
트웬티 달러즈	피프티 달러즈	원 헌드레드 달러즈

• 동전 coin 코인

1센트	5센트	10센트
1 cent	5 cents	10 cents
원 센트	파이브 센츠	텐 센츠
= 1 penny	= 1 nickel	= 1 dime
원 페니	원 니클	원 다임

25센트	50센트	
25 cents	50 cents	
트웬티파이브 센츠	피프티 센츠	
= 1 quarter		
원 쿼울털		

일요일	월요일	화요일	수요일
Sunday	**Monday**	**Tuesday**	**Wednesday**
썬데이	먼데이	튜즈데이	웬즈데이

	목요일	금요일	토요일
	Thursday	**Friday**	**Saturday**
	떨즈데이	프라이데이	쌔털데이

1월	2월	3월	4월
January	**February**	**March**	**April**
재뉴어리	페브어리	말취	에이프럴

5월	6월	7월	8월
May	**June**	**July**	**August**
메이	준	줄라이	어거스트

9월	10월	11월	12월
September	**October**	**November**	**December**
셉템벌	악터벌	노우벰벌	디셈벌

[시간 Time]

몇 시입니까?
What time is it?
왓 타임 이즈 잍?

2:00
It's two (o'clock).
이츠 투 (어클락).

2:10
It's ten past two. / It's two ten.
이츠 텐 패슽 투. / 이츠 투 텐.

Tip. past 자리에 after도 많이 씁니다.

2:15
It's a quarter past two. / It's two fifteen.
이츠 어 쿠올털 패스트 투. / 이츠 투 피프틴.

2:30
It's half past two. / It's two thirty.
이츠 하프 패슽 투. / 이츠 투 떨티.

2:45
It's a quarter to three. / It's two forty-five.
이츠 터 쿠올털 투 뜨리. / 이츠 투 폴티파이브.

2:50
It's ten to three. / It's two fifty.
이츠 텐 투 뜨리. / 이츠 투 피프티.

Review

01 # **At a Café**   p. 16

A: Caffé latte, please.

C: What size? / A: Small.

C: Anything else? / A: No.

C: For here or to go? / A: To go.

C: Your name? / A: Alice.

02 # **Ordering Brunch**   p. 20

A: One. / W: Just a moment. Come this way.

W: Any drinks? / A: No.

W: Are you ready to order? / A: Not yet.

A: Excuse me!

A: This one, please.

W: Here you go. / A: Thanks.

W: Is everything O.K.? / A: Yes.

W: Are you done? / A: Yes.

W: Do you need anything else? / A: No, thanks. Check, please.

C: What would you like to have? / J: Cheeseburger, please.

C: Do you want the meal? / J: No.

C: Drinks? / J: Coke, please.

C: Sides? / J: An apple pie, please.

C: It's going to be fifteen minutes. / J: O.K.

C: Here or to go? / J: Here.

C: Your total is six forty-five. / J: By credit card.

C: Get your own drink.

J: What would you like to have? / A: Steak and red wine.

J: O.K. Excuse me!

W: May I take your order? / J: One mixed salad and two steaks, please.

W: What kind of dressing would you like? / J: What do you have?

W: Caesar, French, Thousand Island. / J: French, please.

W: How would you like your steak? / J: Medium rare. / A: Me, too.

W: That's all? / J: Two glasses of house wine.

W: Red or white? / J: Red.

W: Would you like more wine? / A: No, thanks.

W: Anything for dessert? / A: That's O.K.

J: Do you have draft beer? / B: Yes.

B: Dark or wheat? / J: Dark, please.

A: What cocktails do you have? / B: Here is our list.

A: Mojito, please. / B: O.K.

J: Open a tab, please. / A: I'll pay it now.

J: Hey! Let me get this. / A: Oh! Thanks!

J & A: Cheers!

• Make a Reservation

• Date / Time / Party

• First Name / Last Name / Phone Number / Email / Option

• Complete Reservation

• Booking Confirmation

W: Did you book a table? / A: No.

W: There are no tables available at this time.

W: Put my name on the waiting list, please.

W: Inside or patio? / A: Patio.

A: How long is the wait? / W: About thirty minutes.

Buying a SIM Card p. 48

J: Can I get a SIM card? / C: Yes. Which plan?

J: Any good ten-day plans? /

C: How about this one? Unlimited data, calls and texts.

J: How much is it? / C: Twenty dollars.

J: I'll take it. / C: O.K. Your photo ID, please.

08

Using Wi-Fi p. 50

A: Do you have free Wi-Fi here? / C: Yes.

A: So many different signals. Which one is it? / C: CAFE-FREE.

A: What's the password? / C: It's on your receipt.

A: It's working!

A: The signal isn't very strong.

A: Aw! This Wi-Fi is super slow.

A: This is terrible… I lost my internet connection.

11 # **Making a Phone Call** p. 62

J: Hello. Who's calling, please? / A: This is Alice.

J: Oh! Is this your phone number? / A: Yes, I got a new number.

12 # **Borrowing a Charger** p. 64

A: My battery is almost dead.

A: Do you have a power cable? / J: Yes.

A: Is there an outlet here? / J: Over there.

J: I missed three calls. I have to go, now.

A: Oh! How can I give it back? / J: Text me, please.

13 # Using Google Maps

p. 66

A: I'm lost.

A: Excuse me. Where is the fish market? / P: I'm new here.

P: Just a moment. Oh, it's near here. / A: Great!

P: Go straight to the crossroad.

P: Then turn left.

14 # At a Clothing Store

p. 72

S: Hello! May I help you? / A: I'm just looking.

A: Do you have this in white? / S: Yes, what size?

A: Medium.

A: Can I try them on? / S: Sure.

A: Where is the fitting room? / S: Come this way.

p. 74

15 # **At a Shoe Shop**

S: What are you looking for? / J: I'd like some sneakers.

S: How about these? / J: Oh! I like them.

J: Can I try these in an eleven? / S: Sorry, we don't have that size.

S: Why don't you try them in a ten?

J: They fit.

p. 76

16 # **At a Cosmetics Store**

A: I'm looking for toner.

A: Which one is the best? / S: This one.

A: Is it okay for oily skin? / S: Yes, it's for all types.

A: Can I try this? / S: Yes, use this tester.

S: How do you like it? / A: It's a little bit sticky.

A: Where is the counter? / S: Downstairs.

C: Your total is one hundred fourteen dollars and fifty cents.

A: Is this the sale price? / C: Yes, it is.

C: PIN number, please.

C: Please sign here.

C: Here is your receipt.

A: Can I get it tax free? / C: Yes, show me your passport.

C: Here is your tax refund form.

   Fill this out and turn it in at the airport.

J: I'd like a refund.

C: Can I have the receipt? / J: Yes, here it is.

C: Oh, it was a sale item.

C: Sorry, we can't refund this.

J: It's damaged here. / C: Hmm…

J: I'd like to exchange it.

C: You can get a different one. / J: Thanks.

Hello.

My name is Alice. My order number is 12345.

I received a damaged item.

I would like to return my order and get a refund.

I've attached pictures.

Please confirm and inform me what I should do next.

I'm looking forward to your reply.

Best regards,

Alice

216

p. 100

23 # **Buying a Train Ticket**

A: One ticket to L.A., please.

T: When? / A: Tomorrow, around 3 p.m.

T: The train will depart at a quarter after three.

A: Do I transfer? / T: No.

A: How much? / T: Which class?

A: The cheapest one.

T: One way or round trip? / A: One way.

T: One hundred thirty-five dollars. / A: O.K. One ticket, please.

A: I have a student card. / T: You get a ten percent discount.

A: Which platform? /

T: You can check for it on the departures screen tomorrow.

24 # **Using Rental Cars**

p. 104

J: I booked online. Here is my voucher.

S: Your ID and driver's license.

S: Check your details and sign, please.

J: Automatic, gasoline, GPS, full coverage insurance.

   Is this right?

S: Yes, but CDW is five hundred dollars.

   Extended coverage is twelve dollars per day.

J: Hmm… I don't want it. /

S: The deposit fee is three hundred dollars.

S: Your car is in the parking lot. Follow me.

25 # **At a Gas Station**   p. 110

A: Pump number five, ten dollars.

A: Squeegee… Let's clean the windows!

Insert and remove card

> Enter PIN number > Approved

> Select grade (Usually choose regular, the cheapest one)

> Remove and insert nozzle

> Start pumping gas

> Receipt

26 # **At a Museum & an Art Gallery**   p. 116

G: Open your bag, please.

A: One adult, please. And an audio guide.

A: Is it free? / C: No. Seven dollars.

A: Pay for it now? / C: Yes. And then pick it up on the second floor.

S: Japanese? / A: No. I'm Korean.

S: Ah! Which language? / A: English.

S: Your ID, please.

27 # **At a Theater**
p. 120

J: This show will be here tonight? / S: Yes.

J: Can I get in now? / S: Not yet. In ten minutes.

S: Your ticket, please.

S: Go upstairs. / J: Where is the cloak room?

S: It's right there. / J: Ah, thanks.

S2: Just one coat? / J: Yes.

S2: Here is your number.

J: Excuse me. This is my seat. / P: Oh? What's your seat number?

J: H7. / P: This one is G7.

J: Oh! So sorry. / P: No problem.

28 # **At a Stadium**
p. 124

J: What is this line for? / P: The stadium entrance.

J: Where is the ticket counter? / P: On the opposite side.

J: Are you in line? / P2: Yes.

J: One adult. / T: Which section?

J: I have no idea. Any front row seats?

T: Which side? / J: Dodgers. Under one hundred dollars.

T: No seats left. Only upper level seats are available.

J: How much are they? / T: Seventy-eight dollars and fifty-five cents.

J: O.K. I'll take one.

29 # **Airport & Baggage**   p. 132

C: Hello. Your passport, please.

C: How many bags are you checking? / A: One.

C: Please put your bag here.

C: Any batteries in your baggage? / A: No.

A: Aisle seat, please. / C: O.K.

C: You can board at gate number 72.

C: Boarding starts at twelve twenty.

C: You should get to the gate at least fifteen minutes before then.

30 # **On an Airplane**   p. 136

C: Your boarding pass, please.

C: Go this way.

A: One more blanket, please.

C: We are serving beef and fish. / A: Pardon?

C: Beef and fish. / A: Beef, please.

C: What would you like to drink? / A: Water, please.

A: Could you clean this up, please?

A: Go ahead. / P: Thanks.

31 # **Doing Transfers**   p. 140

A: How can I transfer? / S: Follow the 'Transfer' sign.

A: Excuse me, I want to transfer. Is this the right way? /

S2: Yes. Get in this line.

A: Which gate…? Ah! 3C.

A: Oh, no! The flight is delayed.

A: I'm so tired.

A: Excuse me, is this seat taken? / P: No.

S: Attention, all American Airline passengers going to New York.

We will begin boarding at gate 3C.

32 # **Immigration**   p. 144

S: Is this your first visit to America? / A: Yes.

S: This way.

I: What is the purpose of your visit? / A: Travel.

I: How long are you staying? / A: For one week.

I: Show me your return ticket.

I: Will you visit another city in the U.S.? /

A: Yes, Boston and Niagara Falls.

I: Who are you traveling with? / A: By myself.

I: Look at the camera.

33 # **Customs Declaration**   p. 148

C: Do you have anything to declare? / A: No.

C: Do you have any food? / A: No.

34 # **Local Touring**   p. 150

S: Hello! May I help you? / A: Are there any city tours?

S: Today? / A: No. Tomorrow.

S: Yes, a one-day tour? / A: Half-day.

A: How long is the tour? / S: 4 hours.

A: When do they begin? / S: 8 a.m. or 2 p.m.

S: Which one do you prefer? / A: 2 p.m.

A: Can I book it, here? / S: Yes.

A: Where is the meeting point? / S: In front of this center.

A: Nice!

S: Don't forget to bring this sheet.

J: Check-in, please. / C: May I have your ID?

C: O.K. We require a fifty-dollar deposit.

J: How can I pay? / C: Cash or credit.

C: Breakfast is from 7 to 10 a.m.

C: The restaurant is on the first floor.

J: The swimming pool is open? / C: Yes.

J: How late is it open? / C: 9 p.m.

J: Check-out, please. / C: Here is the bill.

J: What is this charge? / C: It's the city tax per night.

J: Ah! I see. Could you keep my baggage?

C: Sure. When will you come back? / J: About 3 p.m.

C: Here's your baggage tag.

p. 164

36 # At a Convenience Store & Market

J: Excuse me. Where is the beer? /

C: We don't sell beer here. You need to go to the liquor store.

J: Where is it? / C: Just across the road.

J: Do you have change? / C: Oops! We don't have any.

J: I'll put it back.

A: This fruit doesn't look good!

A: Wow! Bread!

A: Buy one, get one free.

C: Membership card? / A: No.

A: You charged me twice for this. / C: Oh! I'll cancel it.

37 # At a Liquor Store

p. 168

J: What red wine is good here? / C: Dry or sweet?

J: Dry. / C: This one is great.

J: I'll look around a little more.

1. Insert card

> 2. Select your language (English)

> 3. Enter your PIN

> 4. Select a transaction (Withdraw)

> 5. Choose an amount (Other)

Enter the amount of your withdrawal

> 6. Would you like a receipt? (Yes / No)

Processing…

Sorry, your transaction is denied.

Check your balance.

A: No way! What's wrong?

A: Take it easy! Let's try another machine.

A: Thank goodness!

39 # **At a Police Station** p. 172

P: How can I help you? / A: I'm here to make a report.

P: Can you explain what happened? / A: I can't speak English.

A: Any Korean speakers? / P: No.

A: Please call the embassy.

40 # **At a Clinic** p. 176

J: Can I see a doctor right now? It's an emergency.

C: Please fill out this form first.

1. Age

2. Blood type

3. Chronic illnesses

_ High blood pressure

_ Diabetes

_ Asthma

_ Heart disease

_ etc.

4. For woman only

   Pregnant (Yes / No)

5. Do you take any medication? (Yes / No)

   If you selected 'yes', provide details here.

41 # At a Pharmacy

J: Are you O.K.? / A: No, I feel dizzy.

J: A fever? / A: Yes. I think I have a cold.

J: Since when? / A: Yesterday. / J: Let's go to the pharmacy.

P: Hello. How are you feeling? / A: I have a little headache.

P: Take this, three times a day.

J: Get some rest! / A: O.K., thanks.

42 # **Greeting** p. 188

A: Hi! How are you?

J: I'm good, and you? / A: I'm O.K.

A: Good bye! / J: See you!

A: Take care! / J: Let's keep in touch.

43 # **Introduction** p. 190

J: I'm John. What's your name? / A: I'm Alice.

J: Where are you from? / A: I'm from Korea.

A: What do you do? / J: I'm an engineer. How about you?

A: I'm a student.

p. 192

44 # **Thanks**

A: Thank you! / J: You're welcome.

A: Thanks a lot! / J: No problem.

J: Thank you so much! / A: My pleasure.

A: You're so kind. / J: Thanks.

p. 194

45 # **Apology**

A: I'm late. I'm sorry. / J: That's alright.

A: I'm so sorry about that.

J: I apologize. / A: It's not a big deal.

J: It was my fault. / A: Don't worry.

46 # **Asking** p. 196

A: Excuse me. / J: Just a moment.

J: What's up? / A: Help me, please!

J: Would you do me a favor? / A: Of course.

J: Please say it again. / A: I see.

47 # **Confirmation & Answer** p. 198

J: I'll go to Korea, ASAP. / A: What does it mean, ASAP?

J: As soon as possible. / A: I got it.

A: Anyway, really? / J: Yes.

A: You're kidding me. / J: No. I'm serious.

A: Wow! Have a nice trip.

Yes!

Amazing!

Awesome!

Perfect!

Good!

No!

Oh my god!

Terrible!

Shit!

Shut up!